무점포 또는 1인 창업아이템 총정리

무점포·1인 창업하기

김영문

집현재

머리말

아름다운 삶, 사랑 그리고 마무리 …

1997년 11월에 한국이 경제부도의 위기로 내몰리면서 수많은 직장인들이 정든 회사를 떠나 길거리로 쏟아져 나왔었는데, 그 때에 실직자들을 위해 막연히 무엇인가 도움이 되는 일을 해야 하겠다는 생각을 갖고 금훈섭 (주)이야기 대표, 신순희 (주)모든넷 대표, 하태호 사랑넷 대표 등을 만나서 1998년 8월에 한국소호벤처창업협의회(soho.sarang.net)라는 이름으로 모임을 만들었습니다. 무엇인가 거창한 단체를 만들겠다는 생각보다는 삶의 터전을 잃고 희망을 잃어버린 실직자들에게 조그마한 도움이라도 드리고 싶었습니다.

그 이후 1999년 3월에 계명대학교 대명캠퍼스 시청각실에서 대구광역시 곽영길 당시 주임의 도움을 받아서 「'99 소호창업박람회」를 개최하였는데, 아마도 3,000명 정도는 참가한 것으로 기억이 납니다. 부스 40개를 설치하였고 세미나도 진행하였는데, 그 당시 신일희 계명대학교 총장님을 비롯한 참석한 내빈들이 박람회장에 들어가기도 힘들 정도로 많은 예비창업자들이 참석을 하였습니다. 개회사를 하면서 벤허 영화를 감독한 윌리엄 와일러가 시사회에서 말한 "하느님, 이 영화를 정말 제가 만들었습니까?"를 인용하면서 감격해 했던 생각이 아직도 생생합니다.

1999년 10월에는 중소기업청으로부터 한국소호진흥협회(www.sohokorea.org)로 명칭을 변경하여 사단법인 인가를 받았는데, 그 당시에 신민철 사무관께서 사단법인 인가를 받을 생각이 없느냐고 했을 때에 처음에는 거절했던 생각도 납니다. 사단법인을 만들기 위해서 창업분야의 일을 하였던 것도 아니었고, 굳이 사단법인이 필요하지 않았던 것입니다. 그 이후 한두 번 정도 더 전화를 받고서야 사단법인을 만들어서 일을 해야 하겠다는 생각을 하였습니다. 그때에는 소호(soho)라는 말보다는 벤처(venture)라는 말이 더 인기가 있었기 때문에 소호관련 협회를 운영하는 것이 매우 힘들기도 하였습니다.

2001년에 뉴비즈니스연구소(www.newbiz.or.kr) 사이트를 뜻을 같이 하시는 분들과 함께 개설하였는데, 그것은 생각하는 창업, 연구하는 창업, 뿌리가 있는 창업의 필요성을 느끼면서, 창업도 조사와 연구를 통해서 발전할 수 있다는 것을 알았기 때문입니다. 다른 사람의 아이템을 베끼거나 대충 시작해서는 절대로 성공창업을 보장받을 수 없기 때문입니다. 개인적으로 볼 때에는 뉴비즈니스연구소(www.newbiz.or.kr) 사이트를 오픈하면서 창업관련 조사 및 연구 활동을 활발하게 진행하였습니다. 물론 뉴비즈니스연구소라는 사이트가 설립 취지에 맞게 성공하였다고는 할 수가 없으나 창업분야에서 조사 및 연구가 얼마나 중요한가를 깨닫게 된 계기가 되었습니다.

2003년도에는 저에게 전혀 예상하지 못한 일이 일어났습니다. 그것은 계명대학교 벤처창업보육사업단의 설립을 위해 일을 하였지만, 설립 후 전혀 사업단의 운영에 참여하지 못해 많은 서러움을 갖고 있었던 저에게 사업단장이라는 직책이 맡겨지게 되었습니다. 제가 그 일을 맡게 될 것이라고는 꿈에도 생각하지 않았기에 혼신의 힘을 다해서 열심히 일을 하였다고 자부합니다.

2003년 2월 1일부터 계명대학교 벤처창업보육사업단(www.kubic.co.kr)의 단장으로 일을 하면서 중소기업청 평가에서 대구경북지역 36개 창업보육센터 중에서 유일하게 6년 연속 최우수 평가를 받았습니다. 2005년에는 정보통신부장관 표창을 받았으며, 그해 전국 최우수 창업보육센터장으로 선정되어 산업자원부장관 표창을 받기도 하였습니다. 이러한 업적들은 함께 수고한 박신제 매니저, 정태용 매니저, 차재민 매니저, 김미영 등 사업단에 근무하는 모든 분들의 수고 때문이라고 생각하며, 고마움을 전하고자 합니다.

이렇게 창업분야의 일을 하다보니 방송과도 인연이 많았습니다. 1999년에는 TBC 라디오 박원달 PD와 인연을 맺으면서 「알기쉬운 경제교실」에 1년 6개월간 출연하였으며, TBC TV의 아침방송에서 이학락 PD와 함께 「클릭! 김영문의 인터넷세상」을 6개월간 진행하였으며, KBS 1라디오에서 김지인 부장과 「창업이 보인다」라는 프로그램 꼭지에 4년 이상 고정 출연을 하고 있습니다.

언론활동 중에서 아마 가장 기억에 남은 방송이라면 당시 KBS 9시 뉴스 진행자였던 황현정 아나운서와 서울 여의도에서 소호창업에 대해 2시간 생방송을 했던 것이었는데, 하도 긴장을 해서 방송 전에 화장실을 10번은 간 것 같았습니다. 처음에는 힘들었던 방송이 그 이후에는 너무 쉽게 느껴졌으나 이제는 말 한마디에도 책임감을 느끼는 시간들이 되었습니다. 저의 한마디로 인해 방송을 보고 듣는 분들에게는 알토란 같이 모은 전 재산을 날릴 수도 있다는 것을 알게 되었기 때문입니다.

2004년 4월 20일에는 사랑나눔재단(www.mis.or.kr)을 예수그리스도의 인도하심으로 설립하여 2006년 2월 22일에 대구광역시로부터 사랑나눔회(www.mis.or.kr, 현재 웹사이트는 폐쇄하였으며 cafe.daum.net/isoho2jobs에서 통합 운영하고 있음)로 명칭을 변경하여 비영리민간단체(Non-Profit Organization, NPO)로 인가를 받았습니다. 사랑나눔회는 저의 삶에서 가장 중요한 일 중의 하나이기도 하였으며, 거듭나는 삶의 은사를 받는 계기를 마련해 주었습니다. 천상천하유아독존(天上天下唯我獨尊)과 같은 삶에서 낮추고, 덜어내고, 긍휼히 여기는 마음을 갖도록 오래 전에 예수그리스도께서 저에게 예비하신 길이었다는 것을 굳게 믿습니다.

사실, 1998년부터 무엇 때문에 제가 창업분야의 일을 하게 되었는가에 대해 가끔 스스로에게 궁금하게 생각을 하였는데, 지금 생각해 보면 사랑나눔회를 위한 준비와 훈련을 시키신 것이었다고 생각됩니다. (사)한국소호진흥협회에서 일을 하면서 프랜차이즈 본사와의 갈등이 너무 많아서 협회의 운영에 대해 좌절과 회의가 많았는데, 사랑나눔회에서 봉사를 하면서 나눔의 즐거움과 기쁨의 시간이 너무 많았습니다. 창업이라는 분야에서도 늘 다른 곳에서 방황하다가 이제야 제가 있어야 하는 곳에 왔다는 생각을 하게 되었습니다.

2005년 9월 1일에는 창업길라잡이 카페(cafe.daum.net/isoho2jobs)를 개설하였는데, 예비창업자들을 위해 매주 창업행사를 개최하며 창업상담도 해 드리는 기회를 만들어 보기 위함이었고, 아울러 사랑나눔회를 운영하기 위한 복지기금이 필요했기 때문이기도 하였습니다. 카페에서 진행하는 행사에 오시는 모든 분들이 사랑나눔회의 아름답고 따뜻한 후원자라는 것을 생각할 때에 그저 감사한 마음뿐입니다. 그 분들의 참가비는 한 푼의 낭비도 없이 예수그리스도께서 보시기에 부끄러움이 없도록 장애인, 모자가정, 교도소 수용자 등의 소외계층과 국내외의 선교사업을 위해 사용되고 있습니다.

2010년 3월 10일에는 대구경북창업카페연합회(cafe.daum.net/isoho2jobs에서 활동하고 있음)를 설립하였는데, 그것은 활동의 범위를 대구경북 지역으로 한정하여 창업을 해야 하는 분들에게 소박하게 봉사하기 위함이었습니다. 이를 위해 사단법인 한국소호진흥협회 및 여러 관공서의 각종 위원 등을 모두 정리하였습니다. 남은 삶을 한곳에 헌신하고, 그리고 아름답게 마무리를 하기 위한 마지막 준비라는 생각을 하였습니다.

사실 1998년 8월 이후 창업분야의 일을 하면서 주머니에는 늘 위장약을 갖고 다니면서 복용하였으며, 2003년 5월에 의식을 잃고 택시에 실려 병원에 가기도 하였습니다. 그때에는 식구들도 몰라보게 되었는데, 택시를 타고 병원에 가면서 조금씩 의식을 회복하게 되었습니다.

하지만, 또다시 2009년 11월 28일 토요일 저녁에 잠을 자다가 뇌출혈로 다시 병원에 가게 되었으며 병원에 도착하자마자 의식을 잃고 뇌수술을 받게 되었습니다. 8일 만에 의식을 다시 찾았으며, 16일간의 중환자실 및 총 27일간의 입원을 통해 겨우 생명을 다시 찾았습니다.

한편, 2011년 3월에는 연구년 기간 중에 창업선도대학 계명대학교 창업지원단의 기술창업육성부장이라는 보직을 발령받았고, 그해 11월 1일에는 창업지원단장의 보직을 발령받아 2013년 1월 31일까지 일을 하였습니다. 오직 예비창업자들만을 생각하면서 정말로 열심히 일을 하였으며, 2011~2012년의 창업선도대학 사업실적 평가에서 전국 18개의 창업선도대학 중에서 1위를 하였습니다. 하지만, 과로 및 스트레스로 인해 2012년 말에 뇌출혈의 후유증으로 인해 2번이나 쓰러져서 창업지원단장의 직에서 사임을 하고 연구실로 돌아왔습니다. 앞으로 계명대학교에서의 남은 시간들은 교수라는 위치로 온전히 돌아와서

학생들에게는 좋은 강의를 하고, 창업의 모든 분야를 더 깊이 있게 연구하기 위해서 모든 시간을 보내게 될 것입니다.

오랜 시간을 되돌아 가보면, 대학교 3학년 때에 학회장에 출마하면서 선거유세를 위해 강의실을 다니면서 「不義와 타협하지 않겠습니다.」라는 글자를 칠판에 적은 기억이 납니다. 그때의 그 마음이 아직도 그리고 앞으로도 변치 않기를 다짐하면서, 참으로 어지럽고 혼탁한 창업시장에서 아직은 저의 역할이 있음을 생각합니다. 아니, 저를 통해서 이루고자 하는 그분의 뜻을 더 많이 알기를 원하며, 저에게 주신 재능을 통해 더 많은 분들이 창업을 통해 경제적으로 자립하고, 홀로서기를 하고, 아울러 승리했으면 하는 소망이 있습니다.

1998년 이후 창업분야에서 일을 해 오면서 배운 창업이론과 실무지식 그리고 창업현장에서의 경험을 바탕으로 현재까지 9권의 책을 출판하였습니다.

1. SOHO와 인터넷비즈니스, 동영출판사, 2000년
2. 한 권으로 끝내는 창업길라잡이, 창업학, 법문사, 2006년
3. 예비창업자가 꼭 알아야 하는 100가지, 법문사, 2009년
4. 창업길라잡이, 집현재, 2011년
5. 이베이(eBay)에서 창업하기, 책마을, 2011년
6. 500만원으로 창업하기, 집현재, 2011년
7. 카페(cafe)로 창업하기, 집현재, 2012년
8. 일본 소호(보따리)무역으로 창업하기, 집현재, 2012년
9. 무점포 무일푼으로 인터넷창업하기, 집현재, 2013년

이러한 저서들을 집필함에 있어 선후배들의 자료를 참고로 정리하

였고, 제가 쓴 글이나 설문조사한 자료들을 추가하면서 저 나름대로의 생각들을 담으려고 노력도 하였습니다. 하지만, 실제 창업을 한 경험이 없고 실무경력이 별로 없다보니 보시기에 많이 미흡하고 때로는 다른 분들의 업적을 가로챈 느낌마저 갖게 되어 송구스럽게 생각합니다. 혹시라도 본문 중에 참고문헌을 누락하였다면 고의가 아니었음을 말씀드리면서 용서를 구하고자 합니다.

이번에 집필하는 이 책 역시 누군가에게는 삶의 희망을 주고, 또 누군가에게는 빵이 되어 배고픔을 해결해 주었으면 좋겠습니다. 힘들어서 쓰러지고 싶고 때로는 삶을 포기하고 싶은 작은자들에게 어둠 속의 빛과 소금의 역할을 수행할 수 있었으면 더 이상 바랄 것이 없을 것 같습니다.

책의 서문에 무엇을 담을까 생각하다가 1998년 이후 창업분야에 몸을 담으면서 있었던 일들을 조금 정리해 보았습니다. 여기에 다 담지 못한 이야기들도 있고, 감사의 표시를 제대로 하지 못한 분들도 있습니다. 저를 낳아주시고 미국 유학경비를 보내 주시느라고 고생을 너무 하신 부모님, 그리고 세상에서 저와 소중한 인연을 맺은 가족들에게도 고마움을 전합니다.

그리고 2004년에 사랑나눔회를 시작하면서 나눔과 선교의 사업에 함께 하는 모든 분들에게도 진심으로 고마움을 전하면서, 사랑나눔회가 대를 이어 계속되기를 소망합니다. 사실, 사랑나눔회의 도메인 중에서 MIS는 management information system의 약어로서 당초 제가 근무하는 경영정보학과의 홈페이지로 사용할 계획이었으나, 2004년에 부산창업박람회에 참관하고 오는 길에서 "mis(mission in sharing and humanity services) for glory of the God"가 갑자기 생각났는데 그것은 그분의 인도하심이라고 생각합니다. 지금 생각해 보면, 16년간

창업분야에서 일을 하게 된 것도, 그리고 이 책을 쓰게 된 것도 모두 사랑나눔회를 통해 나눔과 선교사업에 일을 하신 그분의 뜻이 있었다고 생각합니다.

그리고 살아오면서 때로는 저로 인해 고통을 받았거나 분노한 분들도 많이 있을 것이며, 지면을 빌어 죄송한 말씀과 용서를 구하고자 합니다. 철없던 시절의 잘못된 생각으로 많은 분들에게 심적, 육체적 고통을 주었음을 고백하며, 앞으로는 더 많은 분들에게 희망, 꿈, 소망, 그리고 행복을 드릴 수 있도록 남은 삶을 바치고자 합니다.

끝으로, 본 저서의 내용과 관련하여 몇 가지를 알려 드리고자 하며, 크게 성공하지는 못하더라도 적어도 실패하지 않는 창업에 많은 도움이 되시기를 원합니다.

1. 저서의 내용에 관해서 질문이 있거나 창업에 대한 도움이 필요하시면 창업길라잡이 카페(cafe.daum.net/isoho2jobs)의 [창업상담 및 토론&질문] 게시판을 활용해 주십시오. 적극적으로 도움을 드릴 것입니다.
2. 창업길라잡이 카페(cafe.daum.net/isoho2jobs)의 [창업동영상(UCC)강좌] 게시판에 등록되어 있는 다양한 동영상(UCC)을 함께 활용하시면, 분명 성공적인 창업에 많은 도움이 될 것입니다.
3. 저서에서 소개한 다양한 창업아이템들에 대해서 교육을 받을 수 있는 기관을 찾아서 우선 교육을 받으신 후에 관련 서적을 구입하여 추가적으로 공부를 하는 것이 필요합니다.
4. 저서에 있는 다양한 창업아이템들을 융합시켜서 새로운 수익모델을 개발하는 것도 생각해 보시기 바랍니다. 향후 불투명한 경제전망을 보면, 한 가지의 창업아이템을 생각하기보다는 다양한

수익모델을 생각하면서 창업을 준비하는 것이 필요합니다.

5. 본 저서는 2011년에 출판했던 "500만원으로 창업하기"를 수정하고 보완하였는데, 특히 창업사례 및 벤치마킹을 할 수 있는 웹사이트들에 대해서는 모두 인터넷 접속을 한 후에 확인하였고 동시에 대폭 수정하였습니다. 또한 모든 창업아이템에 설명되어 있는 '핵심 성공요소 및 준비사항'에 대해서도 많이 보완하도록 노력하였습니다. 끝으로, 저서에 수록되어 있는 모든 창업아이템에 대해서도 성장성, 수익성 등의 측면에서 재검토하였습니다.

2014년 3월에

김영문

차 례

제1부 창업이론 및 실무

제2부 무점포 또는 1인 창업아이템과 사례

제 1 부

창업이론 및 실무

대부분의 예비창업자들은 창업의 준비단계에서 소위 말하는 유망한 아이템만을 찾기 위하여 지나치게 집착하는 경우를 볼 수 있다. 즉, 좋은 창업아이템만 찾으면 크게 성공을 할 수 있을 것이라는 막연한 생각을 하고 있는데, 현실은 전혀 그렇지 못하다는 것이다.

1998년부터 창업분야에서 일을 하고 있는 저자의 입장에서 보면, 창업이론 및 실무지식을 제대로 갖추고 있는 예비창업자들이 별로 없다는 것이다. 또한 창업실패의 가장 큰 이유는 자금의 부족, 경기불황, 치열한 경쟁 등이 아니라 바로 창업이론 및 실무지식도 제대로 알지 못하는 상태에서 꼼꼼하게 준비도 하지 않고 주먹구구식으로 창업을 하기 때문이라는 것이다. 이런 측면에서 창업을 하기 위해서는 적어도 2~3권의 창업서적을 구입하여 공부하는 것이 절대적으로 필요한데, 먼저 제1부에서는 창업자들이 기본적으로 알아야 하는 창업이론 및 창업실무에 대해 설명할 것이다.

1

창업의 육하원칙 및 기본적인 절차

(1) 창업의 육하원칙

언론기사를 작성할 때의 육하원칙(六何原則, five W's and one H)은 창업을 위한 핵심적인 성공요인(Critical Success Factor: CSF)이라고 할 수 있다. 따라서 창업을 준비하고 있는 예비창업자들은 다음의 6가지를 깊이 생각하고 또한 구체적으로 점검해야 한다.

① **누가**(who): 누가 창업을 하는가 하는 것인데, 쉽게 말하면 창업자가 어떤 사람이냐 하는 것이다. 즉, 창업자가 어떤 자질과 능력을 갖추고 있는가 하는 것이 매우 중요하다는 것인데, 창업하고자 하는 분야에서 필요한 창업이론과 실무지식을 제대로 갖추어야 한다. 창업을 본격적으로 준비하기 전에 창업자는 창업하고자 하는 분야에서 필요로 하는 창업이론과 실무지식을 얼마나 알고 있는가를 스스로 점검해야 하며, 부족한 부분들은 가능한 빠른 시간 내에 반드시 공부를 해야 한다. 부족하다고 느끼는 창

업이론과 실무를 효과적으로 습득하는 방법은 아래와 같다.

- 창업서적의 구입 및 공부
- 다양한 창업교육에 참여
- 창업행사 혹은 창업박람회에 참여
- 창업전문가 및 창업상담사와의 1:1 교육 혹은 멘토링(mentoring)
- 현장체험 혹은 창업연수 참여

② **언제**(when): 언제는 바로 창업의 시기 혹은 타이밍(timing)이라고 할 수 있다. 창업아이템에도 창업의 시기가 있으며, 시장진입이 너무 빨라도 혹은 너무 늦어도 낭패를 볼 수 있다. 또한 창업을 할 때에는 계절적인 요인도 고려해야 하며, 제품의 수명주기(product life cycle)를 고려하여 창업의 시기를 조절해야 한다.

③ **어디서**(where): 어디서라는 것은 창업의 장소(입지)라고 할 수 있는데, 온라인(on-line)과 오프라인(off-line)으로 나누어서 생각할 수 있을 것이다. 아울러, 점포 창업의 경우에는 어느 장소(점포의 입지)에서 창업을 하는가 하는 것이 매우 중요한데, 점포의 입지 선정을 위해서는 점포 예정지역에 대한 상권분석이 실시되어야 한다. 이를 위해서는, 입지선정과 상권분석에 대한 깊이 있는 공부가 필요하며, 박경환(2006), 강종국(2007), 신봉규(2008) 등의 저서들이 도움이 될 것이다.

④ **무엇을**(what): 무엇을 제조하고 판매할 것인가 하는 것을 말한다. 이것은 창업아이템에 해당하는 것으로 유형의 아이템과 무형의 아이템으로 구분하여 생각할 수 있다. 즉, 상품을 판매할 수도 있고 서비스를 판매할 수도 있다는 것이며, 아이템을 찾기 위해서는 우선 국내 혹은 해외의 도매시장을 자주 방문하는 것

이 필요하다. 국내의 대표적인 도매시장으로는 동대문 도매시장, 남대문 도매시장, 그리고 화곡동 도매시장 등이 있으며, 해외의 도매시장으로는 중국의 이우시장과 일본의 오사카 도매시장 등을 들 수 있다.

⑤ **어떻게**(how): 어떻게는 창업기업의 설립 및 기업 경영과 관련된 여러 요소들을 어떻게 결합시켜서 경영할 것인가 하는 문제를 말한다. 즉, 기술개발, 자금조달, 홍보 및 마케팅, 시장개척, 인사관리 등의 여러 문제를 어떻게 관리하고 운영할 것인가 하는 것을 말하는데, 창업자는 자기 나름대로의 경영철학과 경영전략을 갖추고 있어야 할 것이다. 예를 들어, 흔히 마케팅전략으로서 4P가 중요하듯이, 프랜차이즈 시스템에서는 4S(Speed, Spread, Strength, Satisfaction) 전략이 중요하다는 것이다. 즉, 시장진입의 속도(Speed), 가맹점의 확산전략(Spread), 브랜드의 강점 및 차별성(Strength), 고객 및 가맹점들의 만족(Satisfaction)이 프랜차이즈 본사 창업에 있어서 중요하게 고려되어야 한다는 것이다. 사실 초보 창업자들의 경우에는 다양한 요소들의 '어떻게(how)'에 대해 잘 모르는 경우가 많은데, 이미 성공한 창업자들과의 인맥형성 및 벤치마킹을 통해 파악할 수 있다. 예를 들어, 홈패션 창업에 관심이 있는 여성창업자의 경우에는 레이스올(www.laceall.com)을 창업한 김경화 대표를 만나서 상담도 하고, 레이스올의 창업현장을 방문하여 벤치마킹을 할 수도 있을 것이다.

⑥ **왜**(why): 왜는 무엇 때문에 창업을 하는가 하는 것과 같이 창업의 목표를 분명하게 해야 한다는 것이다. 또한 창업의 과정에서 일어나는 수많은 문제와 의사결정에 대해서 "왜?"라는 질문을

스스로 하고 또한 자신 있게 대답할 수 있어야 한다. 특히 아래와 같은 방법으로 자신에게 질문을 하고 스스로 답변을 해 보는 것은 창업의 준비와 성공에 많은 도움이 될 수 있다.

- 나는 왜 이것을 창업아이템으로 선정했는가?
- 나는 왜 인터넷쇼핑몰 창업을 선택했는가?
- 나는 왜 옥션, G마켓 대신에 이베이(eBay) 창업을 결정했는가?
- 나는 왜 이곳을 사무실(혹은 점포)로 선정했는가?
- 나는 왜 이 본사를 선택하여 가맹점 창업을 하기로 결정했는가?

위에서 언급한 6가지를 잘 생각해 보면, 창업이라는 것은 결코 좋은 아이템 하나만 있다고 해서 성공할 수 있는 것은 아니라는 것을 알 수 있다. '구슬이 서말이라도 꿰어야 보배'라고 했듯이 여러 요인들을 생각해야 하고, 그러한 요인들을 효과적으로 결합하고 융합시켜야 성공 창업이 가능하다는 것을 인식해야 한다.

(2) 창업의 기본적인 절차

일반적으로 창업은 다음의 7단계로 진행할 수 있는데(중소기업청, 2002.4; 김충렬, 2007; 김영문, 2011), 창업할 업종과 아이템에 따라 조금씩 달라질 수는 있다. 중요한 것은, 생각만 하지 말고 창업을 준비하면서 생각한 모든 것들을 하나의 문서로 만들어야 하며 또한 적시에 실행을 해야 한다.

① **창업예비분석**: 먼저 창업자는 자신의 창업자질 및 적성 등을 분

석하여 창업을 하는 것이 타당한가를 결정해야 하며, 창업자가 갖고 있는 자원이 충분한지 혹은 창업시기가 적당한지를 생각해야 한다. 예를 들어, 어느 누구도 충분한 자금, 기술 등을 갖추고 창업을 하는 것은 아니지만, 부족한 자원을 어떻게 조달할 것이며 또한 충분히 조달할 수 있는가를 생각해야 한다.

② **사업목적의 정의**: 창업예비분석을 통해 창업을 하기로 결정했으면, 창업의 기본적인 이유와 창업방향에 대해 명확하게 해 두어야 한다. 즉, 창업을 통해 달성하려는 것이 무엇인지 혹은 추구하고자 하는 것이 무엇인지를 확실하게 정의해야 하는데, 그것은 창업이념 혹은 미션(mission)으로 표현될 수 있다. 즉, 창업자의 생각, 삶의 철학 등이 창업을 통해 구현될 수 있는 분명한 목표가 설정되어야 할 것이며, 돈만이 결코 창업의 미션이 될 수 없다는 것을 생각해야 한다.

③ **사업 분야의 결정과 사업 아이디어의 모색**: 사업 분야는 바로 창업업종이라고 할 수 있으며, 사업 아이디어는 창업아이템이라고도 할 수 있다. 사실, 사업 분야 혹은 사업 아이디어를 결정할 때에는 많은 자료의 수집, 전문가와의 상담, 현장 탐방 및 벤치마킹 등을 위해 많은 절차와 시간, 그리고 비용이 소요될 수 있다. 한편, 사업 분야 혹은 사업 아이디어는 어느 정도의 시간이 흘러가면 변경될 수 있다는 것을 생각해야 하며, 오로지 한 가지만을 고집하는 것은 바람직하지 않다.

④ **사업성 분석**: 앞에서 결정한 사업 분야와 아이디어가 사업성이 있는가를 조사하고 분석하기 위해서는 수익성, 시장성, 기술성뿐만 아니라 공익성도 고려해야 한다. 사실, 초보자의 경우에는 사업성

을 분석하는 것이 쉽지 않기 때문에 동일한 사례 혹은 유사한 사례를 자주 벤치마킹(benchmarking)하는 것이 좋을 것이다.

⑤ **인적·물적 자원의 조달과 구성**: 인적 자원과 물적 자원의 핵심은 창업멤버를 구성하는 일과 창업에 필요한 자금을 조달하는 것이라고 할 수 있다. 특히 자금은 창업자 자신의 자금을 활용할 수도 있지만 정부 혹은 여러 창업지원기관에서 지원하는 다양한 자금들을 받도록 노력하는 것이 필요할 경우도 있다.

⑥ **사업(창업)계획서의 작성과 조직구조의 설정**: 사업계획서의 중요한 사항으로는 제품개발 및 조달계획, 판매계획, 생산 및 설비계획, 일정계획 등의 세부 계획들이 수립되어야 한다. 또한 앞에서 확보된 인적 자원을 기업의 주요 기능에 따라 조직화하고 배치하는 것도 필요하다. 특히 창업을 준비하면서 창업자가 생각하고 있는 모든 것들을 반드시 사업계획서로 작성해 보는 것이 매우 중요하다. 혹시라도 사업계획서도 작성하지 않고 창업을 준비하는 것은 마치 전쟁에 나가는 병사가 무기도 준비하지 않고 아무런 전략도 없이 적과 마주하는 것과 같으며, 그 결과는 분명 백전백패(百戰百敗)로 나타날 것이다.

⑦ **사업개시**: 모든 준비가 끝났으면, 사업을 시작하면 된다. 설사, 사업을 개시하였다 하더라도 얼마나 잘 할 수 있을지에 대해서는 아무도 장담을 할 수가 없다. 한국에서 창업시장은 수명주기가 너무 짧으면서 고객들의 취향이 너무 자주 변하는 특징이 있다. 그렇기 때문에 사업을 개시했다고 하더라도 향후 고객의 수요 변화에 따른 신규 수익모델의 추가 혹은 업종전환을 염두에 둔 창업기업의 경영이 필요하다고 할 것이다.

⑧ **창업트렌드의 관찰 및 대응**: 대부분의 창업자들은 점포를 오픈하고 개업행사를 하고 나면 창업트렌드에 대해서는 별로 관심을 갖지 않는다. 이로 인해 6개월도 넘기지 못하고 망하는 창업자들이 속출하고 있는 실정이다. 따라서, 창업자는 전체 창업시장의 흐름, 고객의 변화, 신규 창업아이템의 출현, 경쟁상황의 파악, 국내외 경기변화, 새로운 수익모델의 모색 등을 통하여 창업트렌드를 파악하고 그것에 신속하게 대응하는 것이 필요하다.

위에서 창업의 기본적인 절차를 8단계로 정리하였는데, 여러 번에 걸쳐 읽으면서 용어 하나에도 깊이 생각하고 꼼꼼하게 준비를 해야 한다. 아울러, 각 단계에서 어떤 일을 해야 하는지에 대해서 목록을 만들면서 꼼꼼하게 점검해 보는 것이 필요하다. 짧은 시간에 짧게 읽고 지나가면 절대로 안 된다는 것이다.

2

창업자가 알아야 하는 법률

본 저서에서 설명하는 창업자가 알아야 하는 법률 및 시행령들은 로앤비(www. lawnb.com)를 검색하면 상세히 볼 수 있는데, 프린트로 출력하여 여러 번 읽어보는 것이 필요하다. 또한 법률들을 보다보면, 의외로 좋은 사업 혹은 업무에 대한 아이디어도 얻을 수 있다. 예를 들어, 저자는 2004년에 사랑나눔회를 설립하여 2006년에 대구광역시에 비영리민간단체로 정식 등록이 되었는데, 이것은 로앤비(www.lawnb.com)에서 우연히 '비영리민간단체지원법'이 있는 것을 보고 준비하게 되었다.

(1) 상가건물임대차보호법의 이해

상가건물임대차보호법은 2002년 11월에 중소상인(소상공인)의 임대보증금을 보호하려는 취지에서 시행되었다. 상가건물임대차보호법은 임대인에 비해 상대적으로 약자인 영세 상인들이 안정적으로 생업에 종사할 수 있도록 지난 2001년 12월 29일 제정되어 2002년 11월 1일부터 시행되었는데 임차인의 권익보호를 위한 법령의 주요 내용은 다음과 같다(문상원, 2008; 김영문, 2009).

① **임대차 존속기간 보장**: 최대 5년간의 계약갱신 요구권을 보장받는다. 즉, 특별한 사유가 없는 한 최장 5년 동안 자동연장이 가능하게 되었다.

② **대항력 발생**: 임차인이 건물을 인도 받고 사업자등록을 신청하면, 이후 건물소유주가 바뀌어도 새로운 소유주에 대해 임차권을 주장할 수 있다.

③ **임대료 인상 상한선 설정**: 연 9%의 범위 내에서만 인상이 가능하도록 하였다.

④ **우선변제권 보장**: 일정보증금액(서울지역 2억 4천만원) 범위에 해당하는 임차인이 대항력을 취득하고 확정일자를 받은 경우, 전세권 등기와 같은 효력을 인정하여 경매 · 공매시 후순위 채권자보다 우선변제 받을 수 있다.

⑤ **최우선변제권 보장**: 최우선변제권의 보호범위 안에 해당하는 임차인이 건물을 인도받고 사업자등록을 하여 대항력이 발생하였을 때, 건물주가 부도가 나더라도 경매가액의 1/3 범위 안에서 보증금 중 일부를 찾을 수 있다는 것이다. 즉, 점포의 세입자들은 일반 담보권자들에 우선하여 건물가액의 33%(3분의 1) 범위 안에서 최우선변제권을 갖게 되었다.

▶ 상거건물임대차보호법에서의 보증금액 계산방법

상가건물임대차보호법은 사회적·경제적 약자인 임차인을 보호하기 위해 시행되고 있지만, 모든 상가건물의 임대차에 대해 적용되는 것은 아니고 지역에 따라 다르게 정해진 일정한 보증금액 이하인 임대차인의 경우에만 적용된다는 사실을 알아야 한다. 즉, 상가건물을 임차한 임차인의 보증금액이 서울시의 경우에는 4억원 이하, 수도권 과밀억제권역(인천·의정부·구리·하남·남양주 일부 지역·고양·과천·성남·안양·부천·광명·수원·의왕·군포·시흥)의 경우에는 3억원 이하, 광역시(인천시·군지역 제외)의 경우에는 2억 4,000만원 이하, 그리고 나머지 지역의 경우에는 1억 8,000만원 이하의 경우에만 상가건물임대차보호법의 적용을 받는다(상가건물법 제2조 제1항, 시행령 제2조 제1항).

예를 들어, 대구광역시에 있는 점포의 보증금이 9,000만원이고, 월 임차료가 160만원인 경우를 살펴보자. 여기에서 임차인이 지급한 보증금 이외에 차임이 있는 경우에는 이를 월 단위로 환산한 금액에 100을 곱해 산출한 금액을 기존의 보증금에 포함시켜서 계산, 보증금액을 산출하게 된다(상가건물법 제2조 제2항, 시행령 제2조 제2항·제3항). 따라서, 월차임 160만원에 100을 곱해 산출된 1억 6,000만원을 보증금 9,000만원과 합산한 2억 5,000만원이 보증금액이 되는 셈이다. 즉 대구광역시의 경우 2억 4,000만원 이하에서 상가건물임대차보호법이 적용되므로, 이 경우에는 상가건물임대차보호법의 적용을 받지 못한다는 것이다. 따라서, 이러한 경우에는 월 임차료 및 보증금을 조정하여 상가건물임대차보호법의 보호를 받을 수 있도록 계약하는 것이 필요할 것이다. 자세한 내용은 상가건물임대차보호법 시행령(로앤비, www.lawnb.com)에서 확인할 수 있다.

(2) 가맹사업거래 공정화에 관한 법률

이 법은 프랜차이즈 사업이 활성화되는 시대적 추세에 따라 프랜차이즈 본부와 가맹점주 간의 분쟁을 규율하기 위해 2002년에 제정된 법인데(김달현, 이종헌, 2011; 장준근, 2011), 프랜차이즈 본사가 난립하고 경험이 없는 소자본 창업자들이 본사 말만 믿고 창업했다가 실패의 나락으로 빠지는 경우를 막자는 취지에서 제정되었다. 이 법에는 가맹본부가 가맹사업자에게 정보공개서를 제출할 의무가 있음을 명시하고 있으며, 정보공개서에는 회사 및 임직원에 관한 사항, 가맹사업자의 부담, 영업활동 조건 및 제한, 가맹본부의 가맹사업 현황, 가맹영업개시와 상세 절차, 소요시간, 교육훈련 프로그램, 점포 예정지 근처의 사업자 10군데의 명칭과 소재지, 전화번호 등의 내용이 담겨야 한다는 것을 규정하고 있다.

따라서, 프랜차이즈 본사를 통해서 가맹점 형태로 창업을 하려는 예비창업자들은 이 법에 의해서 사전에 본사에 대한 충분한 정보를 제출 받은 후에 철저한 분석을 실시한 후에 가맹점 계약을 해야 할 것이다. 특히 예비창업자의 입장에서는 본사와 문제가 발생했을 경우를 생각하여 가맹비의 반환 여부에 대해서도 잘 알아두어야 한다.

현재 가맹사업거래 공정화에 관한 법률은 2008년도에 크게 개정이 되어 가맹점 계약자에 대한 보호를 강화하는 측면에서 프랜차이즈 본사가 정보공개서를 공정거래위원회의 가맹사업거래 홈페이지(franchise.ftc.go.kr)에 등록하게 하는 등 여러 측면에서 보완이 이루어졌다. 이에 따라, 공정거래위원회의 가맹사업거래 홈페이지(franchise.ftc.go.kr)에는 국내 프랜차이즈 본사의 정보공개서가 등록되어 있으며, 가맹점 계약 전에 꼭 살펴봐야 한다.

(3) 전자상거래 등에서의 소비자보호에 관한 법률

인터넷에서 상품을 판매하는 창업자가 반드시 알아야 하는 법률이 바로 '전자상거래 등에서의 소비자보호에 관한 법률'인데, 로앤비(www.lawnb.com)에서 검색하면 법률 원문을 볼 수 있다. 법률 중에서 중요한 몇 가지를 설명하면 다음과 같다(강현순, 2006).

① **사이버몰 운영자의 표시사항**(제10조 제1항): 전자상거래를 행하는 사이버몰의 운영자는 소비자가 사업자의 신원 등에 관하여 쉽게 알 수 있도록 몇 가지의 사항을 총리령이 정하는 바에 따라 표시하여야 한다.

② **통신판매업 신고**(제12조 제1항): 통신판매업자는 상호 등 몇 가지 사항을 공정거래위원회나 특별시장·광역시장 또는 도지사에게 신고하여야 한다.

③ **신원에 대한 정보의 제공**(제13조 제1항): 통신판매업자가 재화 등의 거래에 관한 청약을 받을 목적으로 표시·광고를 행하는 경우에는 몇 가지의 사항이 포함되도록 하여야 한다.

④ **계약내용 서면 교부**(제13조 제2항): 통신판매업자는 소비자가 계약체결 전에 재화 등에 대한 거래조건을 정확하게 이해하고 실수 또는 착오 없이 거래할 수 있도록 적절한 방법으로 표시·광고 또는 고지하고, 계약이 체결된 경우에는 계약자에게 계약내용에 관한 서면을 재화 등을 공급할 때까지 교부하여야 한다.

⑤ **청약철회 조건**(제17조): 소비자는 구매계약이 체결된 경우라도

재화 등을 공급받은 날부터 7일 이내 조건 없는 청약 철회가 가능하다. 또한 표시·광고 또는 계약내용과 다른 재화 등이 공급된 경우 공급받은 날부터 3개월, 알 수 있었던 날부터 30일 이내 철회가 가능한데, 이 경우에는 시정조치해야 함은 물론 영업정지를 받을 수 있다.

⑥ **재화 등의 공급 등**(제15조): 대금의 전부 또는 일부를 지급 받은 날부터 3영업일 이내에 재화 등의 공급을 위해 필요한 조치를 하여야 하되 별도 약정 시에는 제외한다.

⑦ **미성년자 계약시 고지**(제13조 제3항): 미성년자 계약시 법정대리인이 동의하지 않으면 미성년자 본인 또는 법정대리인이 계약을 취소할 수 있다는 내용을 미성년자에게 고지하여야 한다.

⑧ **통신판매 중개자의 책임**(제20조의2): 중개자의 책임이 없다는 것을 약정하지 아니하거나 미리 고지하지 아니한 경우 중개의뢰자의 고의·과실로 인한 소비자피해에 대하여 중개의뢰자와 연대책임 부담이 있다.

⑨ **금지행위**(제21조 제1항): 전자상거래를 행하는 사업자 또는 통신판매업자가 해서는 안 되는 행위들을 규정하고 있다.

(4) 허가, 등록, 신고업종에 대한 이해

창업하고자 하는 업종이 허가, 등록, 신고 등을 필요로 하는 사업일 경우는 관련 법규를 검토한 후 해당 관청에 신청서를 제출해야 한다. 따라서 점포를 계약하기 전에 반드시 허가, 등록, 신고 등이 필요한 업종인지를 관할 구청 민원실 혹은 세무서에서 확인하는 것이 필요할 것이다. 허가, 등록, 신고업종을 구체적으로 분류하면 다음과 같다(방용성, 주윤황, 2010; 서정헌, 2005; 김영문, 2011).

① 허가업종
② 신고업종
③ 등록업종
④ 지정업종
⑤ 면허업종
⑥ 인가업종
⑦ 인증업종
⑧ 통보대상

위에서 허가업종이란 정부에 사업을 시작하겠다고 신고를 한 후 사업자가 일정한 요건을 갖추었다고 판단되면 허가를 내주는 업종이다. 신고업종은 해당 행정기관에 사업내역을 신고하기만 하면 영업이 가능한 업종을 말하며, 등록업종은 정부나 지방자치단체에 사업자로 등록이 되어야만 사업을 시작할 수 있는 업종이다.

▶ 허가, 등록, 신고업종 등에 대한 주의사항

① 해당 업종이 인허가 대상인지를 파악한다. 즉, 업종을 선택하기 전에 인허가 여부와 담당 행정기관을 미리 파악해야 하며, 법규 및 행정기관에 대해 미리 알아보는 것이 좋다.
② 창업 업종의 법적 규제 및 이행지침을 확인한다. 예비창업자들은 법규나 시행령의 변화에도 관심을 가져야 한다, 법규 등의 변화에 따라 영업시간, 점포 내부시설, 출입가능 연령 등이 바뀌기도 하기 때문이다. 심야영업제한, 청소년 출입규정이나 법규에 대해 자세히 알고 있어야 한다.

③ 법규에 따라 시설, 위치 등에 제한이 있음을 파악한다. 소자본 창업 업종은 대부분 허가가 필요 없는 신고업종이지만 몇몇 업종들의 경우에는 시설, 위치 등에 제한이 따른다는 것을 고려해야 한다.

④ 기존 업종 중에서도 정부의 허가나 선 등록을 요구하는 업종의 경우에 지침을 정확히 이행하지 않으면 영업 활성화 유무에 상관없이 강제적으로 영업정지, 세무조사, 형사조치 등을 당하게 된다.

⑤ 허가 업종이 아니더라도 신고나 등록 시에는 신청서, 임대차계약서 사본, 평면도 등 업종에 따라 필요한 서류가 다르므로 사전에 파악해 두는 것이 좋다.

⑥ 약국, 부동산중개업, 미용실, 안경점 등의 자격증 사업은 제3자를 고용하여 대리 창업할 수 없다는 것을 생각해야 한다.

⑦ 업종에 따라서는 창업 전 미리 숙지 혹은 파악해 두지 않으면 낭패를 볼 만한 항목들이 많다. 하지만, 인허가 업종은 점차 해제되어 가는 추세이므로 시·군·구청 혹은 세무서에 사전에 문의를 하는 것이 가장 좋다.

(5) 창업기업의 의무신고사항

창업 준비의 업무가 끝나게 되면 곧 바로 생산활동을 시작할 수 있으나 행정적인 절차를 이행하여야 하기 때문에 등기소를 비롯하여 노동부 지방사무소, 근로복지공단, 국민건강보험공단, 국민연금관리공단 등에 아래의 사항들을 신고해야 한다(경기지방중소기업청, 2003).

① 건강보험

건강보험은 피보험자 또는 피부양자의 질병, 부상, 분만 및 사망 등에 대하여 보험급여를 실시함으로써 국민건강을 향상시키고 사회보장의 증진을 그 목적으로 하고 있으며, 상시근로자 1인 이상 사업장은 당연적용 사업장에 해당한다.

② 산재보험

산재보험제도란 근로자가 사업장에서 업무상으로 부상, 질병 또는 사망한 경우에 사업주의 보상책임을 대신하여 정부에서 신속하고 공정하게 보상해 줌으로써 근로자와 그 가족들을 보호해 주는 사회보장제도인데, 산재보험은 당해 사업개시한 날로부터 14일 이내에 사업장 관할 근로복지공단에 보험관계성립신고서를 제출하여야 한다.

③ 고용보험

고용보험은 실업의 예방, 고용의 촉진 및 근로자의 직업능력의 개발·향상을 도모하기 위하여 실시하는 것으로서, 사업주는 당해 보험관계가 성립한 날로부터 14일 이내에 관할 지방노동청(사무소)에 신고하여야 한다.

④ 국민연금

대표이사 등 상근임원과 종업원을 합해서 1인 이상인 회사(법인)를 설립한 때에는 당연적용사업장이 되어 국민연금법 시행령 제19조의 규정에 의하여 국민연금에 의무적으로 가입하여야 하는데, 국민연금관리공단에서 관련 서류를 제출하면 된다.

⑤ 취업규칙 신고

상시 1인 이상의 근로자를 사용하는 사용자는 취업규칙을 작성하여 고용노동부장관에게 신고하여야 하며, 이를 변경하는 경우에 있어서도 또한 같다.

⑥ **근로자명부와 임금대장 작성**

근로기준법 제41조 및 제48조의 규정에 의하여 상시근로자가 1인 이상인 경우 근로자명부와 임금대장을 작성하여야 한다. 사업자는 근로기준법 시행규칙 제19조에서 정하는 서식에 각 사업장별로 근로자의 성명, 생년월일, 이력 등을 기재한 근로자명부와 임금과 가족수당 계산의 기초가 되는 사항, 임금액 등을 기재한 임금대장을 작성하여 보존하여야 한다.

3

창업자가 납부해야 하는 세금 및 재무제표의 이해

창업을 하게 되면, 사업자등록을 해야 하고 그에 따라 세금을 신고 및 납부해야 한다. 하지만, 창업자가 정기적으로 세금을 신고하고 납부하는 일은 간단하지 않기 때문에 세무사 혹은 공인회계사와 계약을 하여 업무를 대행하는 것이 필요하다. 또한 국세청(www.nts.go.kr)의 국세정보에서 세금에 대한 자세한 정보를 제공하고 있기 때문에 홈페이지를 활용하거나 상담을 받는 것이 필요하다.

(1) 창업자가 납부해야 하는 세금의 종류

① 개인사업자

개인사업자의 경우에 반드시 알아야 할 중요한 세금은 소득세와 부가가치세라고 할 수 있다.

가. 소득세

소득세는 사업을 통해 얻은 소득에 대하여 내는 세금을 말한다. 소득세는 매년 주소지 관할세무서에 신고하여야 하는데, 사업자가 매년

1월 1일부터 12월 31일까지의 연간 얻은 소득에 대하여 다음해 5월 1일부터 5월 31일까지 주소지 관할세무서에 신고하면 된다.

나. 부가가치세

부가가치세(Value added tax: VAT)란 물건 값에 부가가치세가 포함되어 있어 물건을 팔 때 받은 세금에서 물건을 살 때 지불한 세금을 차감한 차액을 납부하는 것이다. 소득세는 사업결과 얻어진 소득(이익)에서 내는 세금으로 소득이 없으면 세금을 내지 않을 수 있지만, 부가가치세는 소비자가 부담한 세금을 잠시 보관했다가 국가에 내는 세금으로 사업자가 가져야 할 이윤에서 내는 세금이 아니다. 개인사업자는 1월과 7월에 부가가치세를 신고한다.

② **법인사업자**

주식회사와 같은 법인사업자가 납부해야 할 세금은 법인세와 부가가치세라고 할 수 있다.

가. 법인세

개인이 얻은 소득에 과세하는 것이 소득세라면 법인세는 법인이 얻은 소득에 과세하는 것이다. 소득세법상 소득세의 과세대상이 되는 소득은 열거하여 규정하므로 열거되지 않은 소득에 대해서는 납세의무가 없지만, 법인세는 법인이 얻은 모든 순자산의 증가액에 대하여 과세를 한다.

나. 부가가치세

앞에서 언급한 것처럼 개인사업자가 부가가치세를 납부해야 하는 것과 마찬가지로 법인사업자도 부가가치세를 납부해야 한다. 다만, 개인사업자는 1년에 두 번만 신고하면 되는 데 비하여, 법인사업자는 예정신고와 확정신고를 합쳐서 1년에 4번 신고·납부해야 한다.

(2) 대차대조표와 손익계산서의 이해

대차대조표, 손익계산서 등을 재무제표(financial statement)라고 하는데, 재무제표는 회계실체의 일정기간(회계기간) 동안의 경제적 사건과 그 기간 말에 있어서의 경제적 상태를 나타내기 위한 일련의 회계보고서라고 할 수 있다(삼일회계법인, 2011; 한만용, 2011, 박두진, 2007).

① 대차대조표

창업자는 수시로 사업과 관련한 재산상태와 부채상태를 점검하여야 한다. 그럼으로써 현재의 부채상태가 적절한 수준인지 파악하고, 재산의 구성내용이 적절한지에 대하여도 파악할 필요가 있다. 사업과 관련한 특정시점의 재산상태와 부채상태를 일정기준에 따라 일목요연하게 나열한 표를 대차대조표(balance sheet 혹은 재무상태표)라고 한다.

아래의 〈표 1〉과 같이 대차대조표를 왼쪽과 오른쪽으로 구획을 갈라 작성할 때 자산은 대차대조표의 왼쪽에 기재하고 부채는 오른쪽에 기재한다. 그리고 자산은 위에서부터 빨리 현금화할 수 있는 순서대로 기재하고 반대로 부채는 빨리 갚아야 하는 순서대로 기재해야 한다. 또한 대차대조표의 왼편을 차변(Debitor: Dr)이라 하고 오른편을 대변(Creditor: Cr)이라 한다. 대차대조표의 차변 기록은 자산의 구성내용을 표시해 주고 대변은 총 자산의 조달원천이 어떠한지를 표시해 준다.

표 1 대차대조표

자 산	금 액	부채와 자본	금 액
현금과 예금	20,000,000	단기차입금	50,000,000
재고자산	150,000,000	사채	50,000,000
임차보증금	50,000,000	부채총계	100,000,000
집기비품	30,000,000	자본금	150,000,000
자산총계	250,000,000	부채와 자본총계	250,000,000

② **손익계산서**

창업자는 사업을 통한 영업활동의 결과로 일정기간 동안 얼마만큼의 소득을 올렸는지 파악할 필요가 있다. 영업활동의 구성내용이 건전한지를 판단하고 당연히 가사를 위한 인출은 소득금액의 범위 내로 제한하여야 한다. 일정기간 동안의 영업활동의 내용을 일정기준에 따라 일목요연하게 나열한 표를 손익계산서(income statement)라고 한다.

손익계산서에서 알 수 있는 주요 내용들은 매출액, 매출원가, 매출총이익(매출액－매출원가), 판매비와 일반관리비, 영업이익(매출총이익－판매비와 일반관리비), 영업외비용, 세전이익(영업이익－영업외비용), 소득세, 당기순이익(세전이익－소득세) 등이라고 할 수 있다.

③ **대차대조표와 손익계산서의 활용**

비록 개인사업자라고 하더라도 엑셀(Excel)을 활용하여 대차대조표와 손익계산서를 작성하고 관리해 보는 것은 필요하다. 창업 전에 생각했던 사업성과가 창업 후에 어떻게 나타나고 있는가를 직접 확인할 수 있으며, 특히 어떤 문제가 발생하고 있는가를 수치적으로 확인할 수 있기 때문이다. 아직도 많은 창업자들은 정확한 통계자료도 없이 주먹구구식으로 판단하고 결정을 하고 있는 실정이며, 이로 인해 사업의 확장 혹은 위기에 적절하게 대응하지 못하고 있다고 할 것이다. 창업의 성과는 반드시 수치 자료로 관리되어야 하며, 막연한 생각이나 판단으로는 성공적인 창업이 결코 가능하지 않을 것이다.

4

창업학 동영상(UCC)으로 배우는 창업이론과 창업실무, 창업사례

2007년 11월 9일부터 저자가 하고 있는 일 중의 하나는 창업이론, 창업실무, 창업아이템, 창업성공사례 등을 동영상(UCC)으로 만드는 것이었다. 그 동안 만든 동영상(UCC)들은 창업길라잡이(cafe.daum.net/isoho2jobs)의 [창업동영상(UCC)강좌] 게시판에서 무료로 볼 수 있다.

저자가 만든 창업학 동영상(UCC)을 살펴보면 어떤 것들은 1분도 되지 않는 것들도 많이 있어 실망할 수도 있다. 하지만, 한 번 더 자세하게 들여다보면 개별 창업아이템에 대한 웹사이트 주소와 전화번호가 동영상(UCC) 내에 포함되어 있다는 것을 알 수 있다. 즉, 웹사이트로 접속해서 구체적으로 살펴볼 수 있으며, 필요하면 전화로 문의할 수도 있다는 것이다.

또한 어떤 것들은 단순히 창업교육과 행사를 한 모습을 촬영한 것인데, 동영상(UCC)의 꼬리말에 보면 동영상에 대한 설명이 있다. 동영상(UCC)을 한 번부터 시작해서 세 번만 보면, 창업에 대한 상당한 준비가 끝나게 된다. 비록 지루하고 재미없는 일이지만 열심히 들으면, 성공적인 창업에 많은 도움이 될 것이다.

5

무점포 또는 1인 창업아이템을 보면서 생각해야 할 사항

현재 창업을 생각하고 있거나 창업을 준비하고 있는 예비창업자들은 처음부터 투자를 많이 하는 것보다는 소자본으로 시작을 하는 것이 필요한데, 단기간에 많은 수익을 생각하기보다는 경험과 노하우를 쌓는다는 마음으로 최소 자본으로 창업을 하는 것이 필요하다. 특히 본 저서에서 제안하는 다양한 창업아이템들을 살펴보면서 아래의 사항들을 생각해야 한다.

(1) 철저한 준비도 없이 많은 자금을 투자하여 창업을 하여 실패를 하는 경우에 신용불량자로 전락할 수가 있으며, 최악의 경우에는 가정도 파탄날 수가 있다는 것이다. 즉, 아래의 등식을 생각하면서 창업을 준비해야 할 것이다.

실패한 창업 = 가계파산 + 신용불량자 + 가정파탄

(2) 창업에 대한 경험이 없는 예비창업자들이 선정하는 창업아이템

들은 대부분 제대로 검증을 하지 않은 경우가 많기 때문에 실패의 확률이 매우 높다는 것이다. 아울러, 첫 번째의 창업에서는 성공하는 비율보다는 실패하는 비율이 높다는 것을 감안하면 실험창업(experimental start-up of business)의 형태로 시작해 보는 것이 중요하다는 것이다. 즉, 실험적으로 혹은 창업을 경험한다는 생각으로 해 보는 것을 말하는데, 창업자 자신을 창업이라는 환경에 익숙해지도록 하는 과정이라고 생각하는 것이 필요하다.

(3) 본 저서에서 제안하는 다양한 아이템 중에서 가맹점으로 창업을 하려는 경우에는 몇 백 만원으로는 부족한 경우도 있을 것이다. 하지만, 중요한 것은 가맹점 창업으로는 몇 백 만원 이상이 소요될 수 있으나 무점포 재택창업의 형태로 시작하는 경우에는 소액으로도 충분히 창업할 수 있다는 것을 생각하고 준비하는 것이 필요하다.

(4) 아직도 많은 예비창업자들은 자금이 없어서 창업을 하지 못하고 있다는 생각을 하고 있으며, 누가 창업자금만 지원해 주면 얼마든지 성공할 수 있다는 생각을 하고 있다. 하지만, 창업을 하고 성공하기 위해 중요한 것은 자금이 아니라 정작 본인이 창업자로서 제대로 준비가 되어 있는가 하는 것이다. 창업아이템에 따라 준비해야 할 사항들이 다르다는 것이며, 창업자 자신은 자금 외에 다른 것들도 모두 준비를 했는가를 생각해야 한다. 이런 측면에서 본 저서에서 제시하는 대부분의 아이템들은 다

른 사항들이 제대로 준비되어 있다면 자금은 500만원 혹은 그 이하로도 창업이 가능하다는 생각에서 제시한 것이다.

(5) 오랜 기간 동안에 전업주부로서만 살아온 여성 혹은 직장생활만 해 온 봉급생활자들의 경우에는 무점포 혹은 재택창업의 형태로 시작하는 것이 좋다. 통행량이 많은 지역에서의 점포 창업에 비하여 여러 가지로 부족한 무점포 혹은 재택창업으로 많은 매출을 올리기 위해서는 홍보, 광고, 상품선정, 고객관리 등에서 점포창업자에 비하여 몇 배의 노력이 필요하다는 것이다. 이러한 노력들을 통해서 창업자는 많은 것을 배울 수 있으며, 본격적인 창업과정에서 다양한 문제들에 직면할 때에 스스로 해결할 수 있을 것이다.

(6) 본 저서에서 제안하는 다양한 창업아이템들을 벤치마킹하여 창업자가 새로운 창업아이템 혹은 새로운 수익모델(business model)을 개발할 수도 있을 것이다. 이를 위해서는 성공한 창업자의 웹사이트 혹은 점포 현장을 방문하여 상품구매도 해 보고 궁금한 사항들에 대해 직접 문의도 해 보면서 새로운 수익모델을 만들어 볼 수 있다. 다만, 전화 한 통으로 모든 것을 해결하겠다는 생각은 반드시 버려야 한다.

(7) 혹시라도 본 저서에서 언급한 창업아이템 중에서 프랜차이즈 가맹점의 형태로 창업을 하는 경우에는 반드시 본사로부터 직접 정보공개서를 받아서 꼼꼼하게 살펴봐야 하며, 창업아이템

의 수익성 등에 대하여 꼼꼼하게 조사하고 분석한 후에 창업하기를 권한다.

(8) 생각만 하지 말고, 살펴보기만 하지 말고 작은 것이라도 반드시 실행해 보는 것이 중요하다. 대부분의 예비창업자들은 생각만 너무 한다는 것이며, 일정 자금을 투자하여 직접 창업을 하는 것을 두려워하는 경우가 많다. 실패로 인해 투자한 자금을 모두 잃을지도 모른다는 걱정이 그 원인이 될 수 있는데, 어떤 창업이라도 해 보기 전에는 성공과 실패를 판단할 수는 없는 것이다.

(9) 본 저서에서 설명하는 다양한 창업아이템들이 반드시 수익성이 좋다거나 장기적으로도 성장성이 있다는 것을 보증한다는 의미로는 생각하지 않았으면 한다. 창업자의 자질과 적성이라는 측면에서 보면 잘 맞는 것도 있고 그렇지 않는 것들도 있다는 것을 생각해야 한다. 즉, 누구에게나 유망한 창업아이템은 결코 존재하지 않는다는 것이며, 1998년부터 창업분야에서 일을 하고 있는 저자의 입장에서 9개월 이상의 시간을 투자하여 초보 창업자들이 관심을 갖고 시작할 수 있는 다양한 창업아이템을 찾아서 정리하였다는 것을 생각하면 좋을 것이다.

(10) 이것으로 되겠나? 다른 것은 없나? 이런 생각들은 하지 말고, 창업자로서의 자신을 믿고 일단은 시작을 하는 것이 필요하다. 창업을 통해서 수많은 시행착오를 겪게 될 것이며, 전혀 예상하지 못한 많은 문제들을 만나게 된다. 또한 좌절감을 맛보게

될 수도 있는데, 3~6개월 정도는 인내를 갖고 도전하는 자세가 절실히 필요하다. 삶의 마지막 날까지 해야 하는 것이 창업이라고 생각한다면, 창업 후에 겪을 수 있는 고통과 어려움은 나중에 아름다운 추억으로 남을 수도 있기 때문이다.

(11) 위에서도 언급하였듯이 새로운 창업아이템을 개발할 때에는 컴퓨터와 인터넷관련 기술을 활용하는 것을 생각하는 것이 좋으며, 기존 창업아이템들의 융합으로도 가능할 것이다. 또한, "대중성"이라는 개념은 항상 생각해야 하는데, 누구에게나 필요하고 누구나 구입하고 누구나 사용하는 상품과 서비스가 대중성의 핵심이 될 것이다. 창업자가 생각하고 있는 상품과 서비스를 선택할 때에는 "누구나 필요로 하는 것인가? 누구나 구입하는 것인가? 누구나 사용하는 것인가?"라는 관점에서 생각하는 것이 중요하다는 것이다.

(12) 성공하는 창업자가 되기 위해서는 몇 가지가 필요한데, 가장 기본적인 요소들을 수학의 공식으로 표현하면 다음과 같다.

$$성공하는\ 창업 = f(창업이론과\ 실무지식,\ 인맥형성,\ 벤치마킹,\ 홍보와\ 광고)$$

즉, 성공하는 창업은 창업하고자 하는 분야에서 필요한 창업이론과 실무지식을 충분히 갖추고, 이미 성공한 창업자들과 인맥을 형성하면서 그들의 성공한 경험과 노하우를 벤치마킹하면서, 지속적으로 홍보와 광고를 함으로써 가능하다는 것이다.

제2부

무점포 또는 1인 창업아이템과 사례

창업 아이템 1

오픈마켓 창업

(1) 창업아이템의 개요

오픈마켓(open market)은 인터넷쇼핑몰 판매방식에서 벗어나 개인과 소규모 판매업체 등이 온라인상에서 자유롭게 상품을 거래하는 중개형 인터넷쇼핑몰이다(네이버 용어사전, terms.naver.com). 현재 국내 4대 오픈마켓(open market)은 옥션(www.auction.co.kr), G마켓(www.gmarket.co.kr), 11번가(www.11st.co.kr), 인터파크(www.interpark.com)라고 할 수 있는데, 오픈마켓 창업은 6~10시간만 배우면 별도의 점포 없이도 집에서 1인 창업을 할 수 있는 장점이 있기 때문에 몇 만원만 있어도 창업이 가능하다.

또한 오픈마켓은 고객(Customer)이 상품을 등록하고, 고객(Customer)이 상품을 구매하는 C-to-C 형태의 전자상거래이며, 온라인 창업을 준비하는 예비창업자들이 가장 쉽게 상품 판매를 경험해 볼 수 있다. 점포 혹은 인터넷쇼핑몰 창업자들의 경우에는 장기간 판매되지 않고 보유하고 있는 재고 상품들을 처리하는 방법으로 오픈마켓을 활용하기도 한다.

(2) 창업성공사례 및 관련 사이트

국내 오픈마켓 창업에서 대표적인 성공사례로는 데코마당(옥션, G마켓에서 검색하여 확인)을 운영하고 있는 김용훈 대표를 들 수 있는데, 50대 중반이 넘은 나이에도 불구하고 국내에서 오픈마켓 매출 1위를 달성하기도 하였다. 김용훈 대표가 이렇게 오픈마켓 창업에서 성공할 수 있었던 이유를 살펴보면, 먼저 오픈마켓 창업 교육을 받고, 국내뿐만 아니라 해외에서 상품개발에 많은 노력을 하였다는 점이다. 김용훈 대표의 창업현장은 창업길라잡이 카페(cafe.daum.net/isoho2jobs)의 [창업동영상(UCC)강좌] 게시판에 있는 1058~1060번 동영상에서 직접 확인할 수 있으며, 옥션 및 G마켓 등에서 '데코마당'을 검색하면 된다.

현재 국내 4대 오픈마켓에서는 신규 판매자들을 위한 온라인 및 오프라인 교육을 지속적으로 하고 있으며, 지역별로 판매자들의 교류모임도 진행하고 있다. 따라서 국내 오픈마켓 창업에 관심이 있는 예비창업자들은 각 오픈마켓에서 진행하는 교육부터 참여하는 것이 필요한데, 옥션의 판매자 교육센터(www.ebayedu.com/mainMenu), G마켓의 판매자 교육센터(www.gmarket.co.kr/ecenter) 외에도 11번가 및 인터파크에서 진행하고 있는 온라인 및 오프라인 교육에 참여하면 된다.

(3) 핵심 성공요소 및 준비사항

국내 대표적인 오픈마켓인 옥션, G마켓, 11번가, 인터파크 등에는 마치 사막에서 오아시스를 찾으려는 사람들처럼 성공신화를 좇는 예비창업자들이 몰려들고 있다. 그렇지만, 적어도 90% 이상은 한 달 평균 30만원도 벌지 못하고 떠나고 있는데, 그 원인을 잘 살펴보면 창업자 본인의 상품을 등록하고 판매하는 것에만 신경을 쓴다는 것이다. 이에 따라 오픈마켓 창업에서의 성공전략을 살펴보면 다음과 같다.

① 우수 판매자(파워셀러, 파워딜러)들의 상품을 많이 구매해 보는 것이 필요하다. 경매에도 참여하면서 구매를 해 봐야 잘 판매하는 방법을 배울 수 있다는 것이다. 특히 우수 판매자들의 물품 상세 페이지를 열심히 보면서 포토샵 작업을 어떻게 했는가를 분석해야 한다.

② 판매할 제품을 잘 개발해야 한다. 월별 · 계절별로 판매할 다양한 아이템을 개발해야 하는데, 그렇게 하기 위해서는 국내 및 해외 도매시장에 대한 조사를 지속적으로 해야 한다. 초보판매자는 현재 보유하고 있는 상품의 판매에만 신경을 쓰지만, 우수 판매자들은 다음 달 혹은 몇 달 후에 판매할 상품의 개발에 많은 시간을 보낸다는 것이다.

③ 판매할 제품의 조달이 잘 되어야 한다. 안정적인 가격에 지속적으로 조달이 되어야 한다는 것인데, 이를 위해서는 제조 및 도매 상인들과의 인맥형성이 잘 되어 있어야 한다.

④ 판매할 제품의 전문가가 되어야 한다. 즉, 자신이 잘 알고 있는 제품을 판매해야 한다. 다른 판매자들이 잘 팔고 있는 상품보다는 창업자가 자신 있는 상품을 개발하여 차별화를 시키는 것이 더 중요하다는 것이다.

⑤ 다른 판매자들과 꾸준히 접촉하고 교류해야 한다. 다음(Daum)과 네이버(Naver)의 다양한 종류의 창업카페에 가입하여 모임에 자

주 참석하다 보면 좋은 정보를 얻을 수 있고 또한 기존 판매자들의 상품도 좋은 조건에 공급받을 수도 있다.

⑥ 부담 없이 누구나 구매할 수 있는 아이템을 판매하는 것이 좋은데, 특별한 아이템에는 구매자가 적다는 것을 생각해야 한다. 특히 초보창업자의 경우에는 대중적인 아이템 중에서 가격, 품질 등에서 경쟁력이 있는 제품을 선택하는 것이 필요하다.

⑦ 옥션, G마켓, 11번가, 인터파크 등에서의 상품등록은 매우 쉽다. 포토샵 작업은 어느 정도의 실력이 필요하지만, 돈을 주고 포토샵 작업을 해도 된다는 것이다. 그렇기 때문에 집에 있는 중고상품 혹은 1,000원 상품을 구매한 후에 일단 등록하여 2~3개월 꾸준히 판매를 해 보는 것이 중요하다는 것이다. 예를 들어, 다이소몰(www.daisomall.co.kr), 자파즈(www.zapaz.net), 도매토피아(www.dometopia.com) 등에서 상품을 구입한 후에 옥션, G마켓 등에서 판매해 보는 것은 인터넷창업뿐만 아니라 점포창업으로 성공하기 위해서도 매우 중요할 것이다.

창업 아이템 2

이베이(eBay) 창업

(1) 창업아이템의 개요

이베이(www.ebay.com)는 세계 최고의 전자상거래 사이트이며, 현재 39개국에 진출하여 200개 국가 2억 명이 이용하고 있다(아주경제, 2013.10.8). 또한 이베이는 옥션과 G마켓을 인수한 회사이기도 하며, 옥션과 G마켓에서 상품판매를 해 본 경험이 있으면 누구나 이베이(eBay)에서 상품판매를 시작할 수 있다.

다만, 이베이(eBay)에서 상품을 판매하려면 영어로 상품설명을 등록해야 하며, 고객의 문의사항에 대해서도 역시 영어로 답변을 해야 한다. 이로 인해 초보창업자들의 경우에는 영어에 대한 두려움과 거부감을 갖고 있는 경우가 많은데, 실상 중학생 수준의 영어실력이면 충분하다.

또한 창업길라잡이(cafe.daum.net/isoho2jobs)의 [이베이(eBay)♤인터넷쇼핑몰♤옥션G마켓창업] 게시판에는 외국고객이 이메일로 문의를 해 올 때에 어떻게 답변을 하면 되는가에 대한 영어 문장들이 정리되어 있다. 또한 구글 번역(translate.google.co.kr)을 활용하면 한글을 영어로 자동 번역해 주기 때문에 영어를 잘 몰라도 이베이에서의 상품등록은 충분히 가능하다.

(2) 창업성공사례 및 관련 사이트

이베이(eBay)에서 상품 판매를 하고 싶은 예비창업자들은 먼저 이베이 창업자들이 운영하고 있는 스토어(store)를 방문하여 살펴보는 것이 필요한데, 스토어를 찾는 방법은 아래와 같다.

① 이베이(www.ebay.com)에서 [search] 버튼 옆에 있는 advanced를 클릭한다.

② Advanced search에서 Find Stores를 클릭한다.

③ Enter Store name or keywords에서 스토어 이름을 입력하고 [search]를 클릭한다.

④ 스토어(store) 이름을 잘 모르는 경우에는 다음과 같은 방법으로 찾으면 된다. 이베이(eBay)에서 관심 있는 상품의 키워드를 검색한 후에 특정 상품명을 클릭하게 되면 나타나는 상품 페이지에서 Visit store 옆에 있는 대문 모양의 스토어 아이콘(Store Icon)을 클릭하면, 판매자의 스토어(store)를 방문할 수 있다. 이를 통하여 판매자들이 어떤 상품들을 판매하고 있는가를 살펴볼 수 있으며, 신규 창업자가 향후 판매하려고 하는 상품을 결정하는데 필요한 정보들을 얻을 수 있다.

(3) 핵심 성공요소 및 준비사항

① 이베이(eBay) 창업은 국내 오픈마켓 창업과 비교해 보면, 상품설명을 영어로 한다는 점 외에 특별히 다른 점이 없다. 따라서 국

내 오픈마켓 창업의 핵심 성공요소 및 준비사항을 따라하면 된다.

② 스토어(store)를 운영하면서 동시에 외국어로 제작된 인터넷쇼핑몰 및 커뮤니티 사이트의 운영을 고려할 수 있다. 아울러, 페이스북(www.facebook.com), 트위터(twitter.com) 등과 같은 소셜네트워트 사이트들을 활용하여 홍보할 수도 있다.

③ 신용카드가 있어야 이베이(eBay) 사이트의 회원가입 및 상품판매가 가능하며, 신용카드 1개에 이베이 아이디 1개를 만들 수 있다. 일반적으로 이베이 창업자들은 여러 개의 아이디를 갖고 상품판매를 하고 있는 실정인데, 이것은 이베이에서의 회원정지 및 판매중지에 대처하기 위한 방법 중의 하나이다.

④ 국내 최초로 이베이(eBay) 서적인 '이베이에서 10억 벌기'를 집필한 조유신의 카페(cafe.daum.net/ebaysellerschool) 및 '이베이 창업 & 운영 가이드'를 집필한 권영설의 카페(cafe.naver.com/sellebay)에 가입하여 활동하는 것도 이베이 창업으로 성공하는 데 많은 도움이 될 것이다.

창업 아이템 3

인터넷쇼핑몰 창업

(1) 창업아이템의 개요

인터넷에서 판매할 수 있는 상품의 수량을 많이 확보하고 있는 창업자가 가장 쉽게 시작할 수 있는 것이 바로 인터넷쇼핑몰 창업이라고 할 수 있다. 요즈음 인터넷쇼핑몰은 3~6시간 정도의 교육만 받으면 충분히 만들 수 있는데, 중요한 것은 지속적으로 판매가 가능한 상품을 충분히 확보하고 있는가 하는 것과 키워드 광고의 효과적인 진행이라고 할 수 있다.

(2) 창업성공사례 및 관련 사이트

① 소호리(www.soholee.com), 나이키모아(www.nikemoa.com), 니케(www.nikei.kr) 등이 있는데, 이러한 인터넷쇼핑몰에서는 일본에서 나이키 신발을 직접 수입하여 판매하고 있는 것이 특징이다.

② 요즈음 인터넷쇼핑몰은 임대형 쇼핑몰을 활용하여 구축하게 되는데, 주요 회사들은 다음과 같다. 이러한 회사들은 매월 2~5만원 정도의 비용을 받고 인터넷쇼핑몰 창업자들이 필요로 하는 인터넷쇼핑몰 솔루션을 제공하고 있다.

- 메이크샵(www.makeshop.co.kr)
- 후이즈몰(www.whoismall.com)
- 카페24(www.cafe24.com)
- 가비아(www.gabia.com)

(3) 핵심 성공요소 및 준비사항

① 인터넷쇼핑몰에 대한 홍보와 키워드 광고의 방법을 잘 알고 있어야 하는데, 특히 다음(Daum), 네이버(Naver)에서 키워드 광고를 어떻게 진행하는가에 대해 공부해야 한다. 키워드 광고의 진행에 대해서는 네이버(Naver)는 1588-5896, 다음(Daum)은 1566-2100번으로 문의를 하면 되는데, 2011년 6월 1일부터 다음(Daum)과 네이트(Nate)가 제휴를 하여 일부 다음(Daum) 광고는 네이트(Nate)로 이관되었다.

② 상품을 직접 제조할 것인가 혹은 도매상가에서 구입할 것인가를 고려해야 하며, 국내외의 도매 상가를 잘 알고 있어야 한다.

③ 인터넷쇼핑몰 창업자들이 생각해야 할 것은 바로 판매되지 않고 재고로 쌓이는 상품을 어떻게 할 것인가 하는 것이다. 앞으로는 돈을 버는 것처럼 보이지만 재고의 누적으로 인해 뒤로는 밑지는 창업이 되지 않도록 하기 위해서는 재고 상품을 빨리 처분하는 것이라고 할 수 있는데, 인터넷쇼핑몰 창업자들은 주변의 점포창업자 혹은 오픈마켓(옥션, G마켓, 11번가, 인터파크)에서 처분하는 것이 좋다.

④ 메이크샵(www.makeshop.co.kr)의 '뉴프랜차이즈(메이크프랜)'에서는 인터넷쇼핑몰을 프랜차이즈 사업으로 진행할 수 있는 솔루

션을 제공하고 있다. 즉, 본사의 인터넷쇼핑몰을 활용하여 가맹점을 위한 인터넷쇼핑몰을 추가적으로 개설할 수가 있다. 예를 들어, 가맹점 인터넷쇼핑몰이 10개가 있다고 하면, 본사의 인터넷쇼핑몰을 포함하여 총 11개의 인터넷쇼핑몰에서 본사의 상품을 판매하기 때문에 매출 및 이익이 상당히 증가될 수 있을 것이다.

창업 아이템 4

POP, 폼아트 및 초크아트 창업

(1) 창업아이템의 개요

피오피(Point of Purchase: POP), 폼아트(Form Art), 초크아트(Chalk Art)는 주로 여성들이 관심을 갖고 있는 창업아이템인데, 먼저 POP란 우리가 흔히 알고 있는 '예쁜 손글씨'라고 할 수 있다. 점포에서 매장 홍보로 가장 선호하는 마케팅 방법이며, 시각적 차별성이 필요한 광고물 제작에 많이 사용되고 있다.

폼아트(Form Art)는 스치로폼에 다양한 색을 입혀 만드는 것으로 소형에서 대형까지 다양하게 활용도가 높기 때문에 찾는 곳이 많다. 집을 장식할 수 있는 팻말에서부터 시계, 달력뿐만 아니라 벽면 전체를 폼아트를 이용해 꾸밀 수 있어 아이디어만 있으면 어디든 적용이 가능하다.

초크아트(Chalk Art)는 톨페인팅(Tole Painting, 가구나 실생활에 필요한 소품에 그림을 그리는 공예)이라고도 불리며, 유럽과 미국에서는 오래전부터 일반화된 공예의 한 기법이다. 새로운 것을 만들어 내는 작업은 아니지만 리폼이 유행하면서 초크아트는 새로운 창업아이템으로 급부상하고 있다(머니투데이, 2010.2.11).

이러한 POP, 폼아트 및 초크아트 분야는 소자본 창업이 가능하며, 점포의 입지가 좋지 않더라도 어느 정도의 수익을 올릴 수 있는 창업 아이템이다. 또한 재택창업도 가능하며, 남성도 충분히 창업이 가능한 분야라고 할 수 있다.

(2) 창업성공사례 및 관련 사이트

글나래(cafe.daum.net/popchalk)를 창업한 송해영 대표가 대표적인 성공사례라고 할 수 있으며, 관련 단체로는 국제POP아트협회(cafe.daum.net/popaaa), 한국POP예술협회(cafe.daum.net/glmaruart) 등이 있다.

(3) 핵심 성공요소 및 준비사항

① 지역 상인들과의 인맥형성에 많은 시간을 갖는 것이 필요하며, 출퇴근 때에 열심히 홍보를 하는 것도 필요하다. 홍보를 하는 가장 쉬운 방법은 POP, 폼아트 및 초크아트가 무엇인지를 보여주는 이미지들이 포함된 작은 명함을 제작하여 점포를 방문하여 배포하는 것이라고 할 수 있다.

② 자격증 취득과정의 교육프로그램을 직접 개발하여 강의할 수 있는데, 단체를 설립하게 되면 단체에서 민간자격증을 발급할 수도 있다. 이를 위해서는 창업자의 인지도를 높여야 하며, 단체가 공신력을 갖도록 해야 한다.

③ 지역 초등, 중등 및 고등학교의 방과 후 수업에 참여할 수 있도록 노력한다. 아울러 지역 복지관, 실업계 고등학교에서 자격증 과정 혹은 창업과정을 운영할 수도 있다.

창업 아이템 5

압화공예품 제작 창업

(1) 창업아이템의 개요

먼저 압화(押花, Pressed flower)는 꽃이나 식물 일부를 말린 후 평면 회화로 재탄생시키는 예술작품으로, 생화가 액자 위에서 피어난 듯한 생생한 아름다움이 특징이다(대전일보, 2010.11.25.). 또한 압화 혹은 압화공예는 수공예의 한 분야로서 꽃을 활용하여 다양한 공예품을 제작하여 판매하는 창업아이템이며, 세상에서 하나뿐인 작품을 만들 수 있다는 장점이 있다.

(2) 창업성공사례 및 관련 사이트

한국압화공예(www.pressflower.org)를 창업한 신혜숙 대표가 대표적인 성공사례이며, 창업길라잡이 카페(cafe.daum.net/isoho2jobs)의 [창업동영상(UCC)강좌] 게시판에 있는 아래 동영상들을 참고로 하면 된다.

① 창업학 동영상강좌(534): 압화(야생화 눌림꽃공예)
② 창업학 동영상강좌(535): 압화(야생화 눌림꽃공예)
③ 창업학 동영상강좌(536): 압화(야생화 눌림꽃공예)

④ 창업학 동영상강좌(537): 압화(야생화 눌림꽃공예)

⑤ 창업학 동영상강좌(544): 압화(야생화 눌림꽃공예)

또한 그린팜(www.thegreenfarm.co.kr), 김유희 압화갤러리(www.yuhee.co.kr), 예랑(www.frang.co.kr) 등에서는 압화로 만든 다양한 공예품을 판매하고 있는데, 예비창업자들이 이러한 사이트를 직접 방문하여 벤치마킹을 하는 것도 좋을 것이다.

(3) 핵심 성공요소 및 준비사항

① 제품을 만드는 시간과 비용에 비하여 많은 고객들은 창업자가 원하는 만큼의 가격을 지불하지 않으려는 경향이 있다. 따라서 제품의 독창성 및 가치를 높이려는 노력이 필요하다. 즉, 압화를 단순히 취미활동의 차원을 넘어 독창성이 있는 공예품을 만드는 분야로 발전시키는 노력이 필요할 것이다.

② 제품의 판매와 더불어 고객들이 원하는 제품을 직접 만들어 볼 수 있도록 재료를 판매하는 것이 필요하다. 이를 위해서는 제품을 만드는 방법에 대한 동영상(UCC)의 제작이 필요하다.

③ 다양한 교육프로그램의 개설과 더불어 민간자격증의 발급을 고려해 볼 수 있으며, 압화공예를 장애인이나 고령자들을 위한 치료과정으로 활용할 수도 있을 것이다. 최근 의학분야에서는 전통적인 치료뿐만 아니라 원예치료와 같은 대체 치료로서 미술치료, 음악치료, 운동치료, 동물치료, 오락치료, 그리고 향기치료 등이 보편화되고 있는데(한국주택신문, 2011.5.20), 압화공예를 활용한 치료도 효과가 있을 것으로 판단된다.

창업 아이템 6

카페(cafe)를 활용한 커뮤니티 창업

(1) 창업아이템의 개요

몇 년 전부터 카페(cafe)는 단순한 커뮤니티의 기능을 넘어서 상품과 지식 서비스를 판매하는 창업의 목적으로 활용되고 있는 실정이다. 예를 들어, 특정 상품에 대한 공동구매를 진행하여 수익을 창출할 수 있으며, 교육과 다양한 행사에 참가할 사람들을 모집하여 수익을 창출하는 것도 가능하다. 일반적으로 카페(cafe)를 활용한 창업에서는 다음과 같은 활동들을 통해서 돈을 벌 수 있다.

① 모임, 행사 및 교육
② 홍보 및 광고
③ 상품판매
④ 컨설팅 및 전문강사
⑤ 컨텐츠 제작 및 판매
⑥ 게시판 개설
⑦ 행사 대행 및 제휴
⑧ 단체의 설립 및 민간자격증의 발급

⑨ 기타 부가적인 활동

한편, 카페는 포털사이트인 다음(Daum)와 네이버(Naver)에서 누구나 무료로 개설할 수 있으며, 이니p2p(www.inip2p.com)를 활용하면 신용카드 결제시스템도 설치를 할 수 있어 상품과 서비스의 판매도 할 수 있다는 장점이 있다. 아울러, HTML을 활용하면 창업자가 운영하는 인터넷쇼핑몰의 특정상품 구매 페이지로 링크시켜서 상품을 구매할 수 있도록 할 수 있으며, 창업자가 상품을 등록해 놓은 옥션, G마켓 등에도 직접 접속하여 상품을 구매할 수 있도록 할 수 있다.

(2) 창업성공사례 및 관련 사이트

일본 직수입 나이키신발 전문 인터넷쇼핑몰 소호리(www.soholee.com)를 운영하고 있는 이상철 대표는 카페(cafe)를 개설하여 일본 직수입 나이키 신발에 대한 공동구매를 진행하여 추가로 수익을 창출하고 있다. 또한 에코월드(대표 여영석)에서는 홈페이지 대신에 네이버 카페(cafe.naver.com/dgecoworld)를 활용하여 다양한 청소업무에 대해 홍보도 하고 주문도 받고 있다.

(3) 핵심 성공요소 및 준비사항

① 다양한 콘텐츠(텍스트, 이미지, 동영상)를 등록해야 하는데, 창업자가 독창적으로 만든 콘텐츠들을 많이 등록해야 한다. 아울러, 카페 회원들이 관심을 가지고 있는 분야에서의 다양한 콘텐츠를 등록하면서 회원들에게 볼거리 및 읽을거리를 제공하는 것은 카페 회원들이 자주 방문하도록 하는 데 많은 도움이 될 것이다.

② 회원들을 많이 모집하도록 노력해야 하며, 차별적인 수익모델을 개발해야 한다. 즉, 창업자의 카페에서 수익을 창출할 수 있는 다양한 방법을 만들어야 한다. 장기적으로 본다면, 제휴와 협력을 통해 수익을 발생시킬 수 있는 모델을 개발하는 것도 필요하다.

③ 오프라인 모임 혹은 교육, 행사들을 지속적으로 진행하여 카페 회원들 간의 교류가 되도록 해야 한다. 이를 통하여 카페 회원들의 충성도를 높일 수 있다.

④ 카페(cafe)를 활용하여 창업을 하고 돈을 벌 수 있는 더 많은 내용에 대해서는 저자가 출판한 "카페(cafe)로 창업하기"(집현재, 2012.7.5)를 참고하면 될 것이다.

창업 아이템 7

동영상(UCC) 제작 창업

(1) 창업아이템의 개요

캠코더(Camcorder), 디카 등으로 점포 혹은 전자상거래 사이트의 홍보를 위한 동영상(User Created Contents: UCC)을 제작하여 국내외의 주요 사이트에 등록까지 대행해 주는 창업아이템이다. 디카로 사진만 촬영을 하였다면 컴퓨터에 설치되어 있는 Windows Movie Maker를 사용하여 동영상(UCC)을 만들 수 있는데, 마이크로소프트 사이트(windows.microsoft.com)에서 무료로 다운로드 받을 수 있다.

(2) 창업성공사례 및 관련 사이트

대구넷창업(cafe.daum.net/bujaok)을 창업한 이승민 대표는 대구지역의 소점포에 대한 홍보 동영상(UCC)을 제작하여 국내의 주요 포털사이트에 등록해 주고 있으며, 이를 통해 예비창업자를 위해 점포 소개도 하여 추가적인 수입을 발생시키고 있다. 창업길라잡이(cafe.daum.net/isoho2jobs)를 운영하고 있는 김영문교수는 다양한 주제의 창업동영상(UCC)을 제작하여 다음(Daum)과 네이버(Naver)의 창업길라잡이 카페, 유튜브(www.youtube.com)에 등록하여 창업길라잡이 카페의 회원증가에 많은 도움을 받고 있다.

(3) 핵심 성공요소 및 준비사항

① 창업자가 제작한 홍보 동영상(UCC)을 어디에 등록할 것인가 하는 것이 중요한데, 다음(Daum), 네이버(Naver) 등 국내 주요 포털에 등록할 수 있다. 또한 tv팟(tvpot.daum.net)의 마이팟에서는 등록한 개별 동영상의 플레이 및 총 플레이 수를 알 수 있다. 한편, 유튜브(www.youtube.com)에 동영상을 등록하면, 아래의 5개 웹사이트에 자동으로 등록이 될 수 있는데, 이를 위해서는 사전에 아래 사이트들에 가입을 해 두어야 한다.

- Facebook(www.facebook.com)
- Twitter(www.twitter.com)
- Reader(www.google.com/reader)
- Orkut(www.google.com/accounts/ServiceLogin?service=orkut)
- MySpace(www.myspace.com)

② 전문적인 동영상(UCC) 제작기술을 보유하고 있다면, 온라인 홍보 및 광고대행사로서 사업을 확장하는 것도 가능할 것이다. 물론 동영상(UCC) 제작기술 외에도 홈페이지, 카페 및 블로그, 커뮤니티 제작 및 운영, 포털에서의 키워드 광고 등에 대한 전문적인 실무지식이 필요할 것이다.

창업 아이템 8

소셜 네트워크 서비스를 활용한 창업

(1) 창업아이템의 개요

소셜 네트워크 서비스(Social Network Service: SNS)는 온라인 인맥구축 서비스이다. 즉, 1인 미디어, 1인 커뮤니티, 정보 공유 등을 포괄하는 개념이며, 참가자가 서로에게 친구를 소개하여, 친구관계를 넓힐 것을 목적으로 개설된 커뮤니티형 웹사이트이다(위키백과, ko.wikipedia.org).

이러한 소셜 네트워크 서비스는 창업자의 점포 혹은 인터넷쇼핑몰 등을 홍보하는 데 매우 유용하게 활용될 수 있는데, 창업자가 가입한 소셜 네트워크 서비스뿐만 아니라 다른 사람들이 가입한 소셜 네트워크 서비스를 공동으로 활용하여 창업자가 원하는 다양한 목적의 홍보 서비스를 지원할 수 있다.

(2) 창업성공사례 및 관련 사이트

현재 대표적인 소셜 네트워크 서비스(Social Network Service: SNS)의 종류는 다음과 같다. 이러한 사이트들에 가입하여 활용방법을 습득한 후에 어떻게 사용하는 것이 홍보에 도움이 되는지를 파악하는 것이 필요하다. 예를 들어, 트위터와 페이스북만 해도 제공되는 기능에는 상당한 차이가 있다는 것이다.

① 트위터(www.twitter.com)
② 페이스북(www.facebook.com)
③ 미투데이(www.me2day.net)
④ 한국어트위터(www.twtkr.com)

(3) 핵심 성공요소 및 준비사항

① 목표시장(target market)과 일치하는 인맥이 많아야 한다. 예를 들어, 트위터에서는 팔로우의 수가 많아야 하며, 페이스북에서는 친구들이 많아야 한다.
② 트윗(twit)을 하고 담벼락에 글을 등록하는 시간을 잘 정해야 한다. 목표고객이 소셜 네트워크 서비스의 웹사이트에 많이 접속하는 시간을 예상하여 글을 등록해야 홍보효과가 커지게 된다. 예를 들어, 주부, 직장인, 학생들이 이러한 웹사이트에 접속하는 시간은 각각 다르다는 것을 인식해야 한다.
③ 홍보 동영상(UCC)을 제작하여 유튜브(www.youtube.com)에 등록하면 트위터와 페이스북에 자동적으로 등록되는 기능을 활용하여 홍보도 지원할 수 있다.
④ 다양한 소셜 네트워크 서비스(SNS)를 사용하고 있는 사람들이 상호 홍보를 해 주는 것이 좋은데, 다음(Daum) 혹은 네이버(Naver)에 카페(cafe)를 개설하여 서로 홍보를 해 줄 수 있는 사람들을 모집하는 것도 좋을 것이며, 장기적으로는 소셜 네트워크 서비스(SNS)를 활용한 홍보대행 및 모집지원 창업도 가능할 것이다.

창업 아이템 9

제휴마케팅 창업

(1) 창업아이템의 개요

제휴마케팅(Affiliate marketing)은 웹 비즈니스(상품 판매, 광고) 촉진 기법의 하나로서, 웹 사이트의 운영자(affiliate, publisher)가 그의 노력에 의해 파트너의 웹 사이트에 새로운 방문자, 회원, 고객, 매출을 발생시키면, 그 웹 사이트 운영자는 소정의 보상을 받는 식의 마케팅 기법을 말한다. 특히 여러 다른 부류의 기업과 개인들이 모여 이러한 형태의 인터넷 마케팅을 펼치는 것을 말할 때 제휴 마케팅이라는 단어를 쓰기도 한다.

예를 들어, 카페 운영자(웹 사이트 발행자, affiliate)가 카페에 옥션(www.auction.co.kr, 파트너의 웹 사이트) 배너를 등록해 놓고 홍보를 하면, 네티즌들이 카페에 등록되어 있는 옥션 배너를 클릭한 후에 옥션에 접속하여 상품을 구입할 수 있다. 이러한 경우에 카페 운영자는 카페에 등록되어 있는 옥션 배너를 클릭한 네티즌들이 구매한 금액의 일부를 보상(커미션)으로 받게 되는 것을 제휴마케팅이라고 한다.

(2) 창업성공사례 및 관련 사이트

현재 국내 대표적인 제휴마케팅 사이트 중의 하나가 바로 링크프라이스(www.linkprice.co.kr)인데, 사이트에 가입을 한 후에 [샵포털]을 클릭하고 신규 등록 어필리에이트의 [주소등록하기]에서 〈그림 1〉과 같은 무료 쇼핑몰을 개설할 수 있다.

또한, 링크프라이스(www.linkprice.co.kr)에서 제공하는 샵포털에는 종합쇼핑몰, 오픈마켓, 해외상품구매, 화장품/미용용품, 브랜드의류, 패션의류, 도서/음악 분야에 약 200개 인터넷쇼핑몰이 입점되어 있다. 이에 따라, 링크프라이스에서 무료로 개설한 샵포털인 사랑나눔쇼핑

그림 1 링크프라이스의 샵포털

(shop.shopportal.co.kr/sarangnanum) 내에 등록되어 있는 특정 인터넷 쇼핑몰에서 고객이 구매를 하게 되면, 구매금액에 따른 수익금을 0.6%~80%까지 현금으로 받을 수 있다는 것이다.

위에서 설명한 제휴마케팅(Affiliate marketing)의 개념으로 다시 설명하면, 링크프라이스에서 무료로 개설한 사랑나눔쇼핑(shop.shopportal.co.kr/sarangnanum)을 열심히 홍보하여 고객들이 사랑나눔쇼핑을 방문하도록 하고, 고객들이 사랑나눔쇼핑의 [쇼핑몰] 혹은 [카테고리]에서 특정 인터넷쇼핑몰에 접속하여 상품을 구매하면 사랑나눔쇼핑의 운영자는 고객이 구매한 금액 중에서 0.6~80%까지 보상(커미션)으로 받게 된다는 것이다.

물론, 사랑나눔쇼핑(shop.shopportal.co.kr/sarangnanum)과 같은 사이트에 약 200여개의 유명 인터넷쇼핑몰이 입점되어 있지만, 정말로 수익이 얼마나 될 것인가 하는 것에 관심을 갖고 있는 예비창업자들이 많을 것이라고 생각한다. 하지만, 제휴마케팅 사이트 역시 많은 돈을 벌 수 있을 것이라는 기대보다는 온라인 창업자들이 홍보와 광고에 대해 배울 수 있는 좋은 기회가 될 수 있다는 것으로 생각하는 것이 좋다.

또한 창업자의 사이트에 사랑나눔쇼핑(shop.shopportal.co.kr/sarangnanum)에 바로 접속할 수 있는 배너를 만들어서 카페(cafe)와 블로그(blog) 등과 같은 사이트에 등록해 두고 홍보를 할 수도 있으며, 명함에 사이트의 주소를 인쇄하여 열심히 홍보하면 매월 어느 정도의 수익창출이 가능하다는 것이다. 이러한 제휴마케팅은 일체의 비용 없이 무료로 운영할 수 있다는 장점도 있다.

(3) 핵심 성공요소 및 준비사항

① 제휴마케팅 창업으로 수익을 창출하기 위해서는 먼저 창업자가 카페(cafe), 블로그(blog), 웹사이트 등 적어도 1개 혹은 그 이상의 온라인 사이트를 운영하고 있어야 한다.

② 링크프라이스와 같은 제휴마케팅 사이트에서 무료로 받은 샵포털을 홍보하는 것도 좋지만, "카테고리별 광고 가져가기"에서 개별 사이트에 대한 배너 및 기본링크 주소를 등록하여 홍보하는 것도 좋다. 즉, 일반 네티즌들이 많이 방문하는 쇼핑몰 사이트들의 배너들만 등록하여 적극 홍보하는 것도 수익창출에 도움이 된다는 것이다.

③ 랭키닷컴(www.rankey.com)에서 살펴보면 총 50개의 제휴마케팅 사이트들을 확인할 수 있는데, 이러한 제휴마케팅 사이트들의 운영방식에 대한 조사와 분석을 통해 창업자들은 수익을 창출할 수 있는 방법들을 배울 수 있다.

창업 아이템 10

인쇄편의점 창업

(1) 창업아이템의 개요

컴퓨터 1대만 있으면 코렐드로우(CorelDRAW)를 사용하여 명함, 전단지, 카탈로그, 청첩장 등 다양한 인쇄물을 제작해 주는 무점포 재택 창업이 가능하다. 또한 고객들을 방문할 때에 노트북을 갖고 가서 현장에서 각종 인쇄물을 제작하거나 수정하는 것도 가능하다. 코렐드로우(CorelDRAW)는 다음(Daum) 혹은 네이버(Naver)에서 동영상 강좌를 제공하는 사이트들을 찾아서 배울 수 있으며, 인쇄물을 제작해 줄 수 있는 인쇄소를 사전에 찾아서 협의해 두는 것이 필요하다.

(2) 창업성공사례 및 관련 사이트

광고편의점(cafe.daum.net/CK222)을 창업한 김근홍 대표가 대표적인 성공사례이며, 조아기프트(www.joagift.co.kr), 번개애드(www.bungaead.com) 및 기프트섬(www.giftsum.com)에서도 명함/스티커, 전단지, 봉투, 카탈로그, 빌지/영수증, 청첩장, 초대장 등의 인쇄물 창업자를 위한 무점포 창업을 지원하고 있다.

(3) 핵심 성공요소 및 준비사항

① 우선 집 근처의 점포들을 방문하여 명함을 전달하고 홍보를 하면서 인맥을 형성하는 것이 필요한데, 인쇄물은 일정 기간이 지나면 재주문이 발생한다는 장점이 있다.

② 노트북에 각종 인쇄물을 제작할 수 있는 소프트웨어인 코렐드로우(CorelDRAW)를 설치하여 최종 인쇄물의 형태를 고객에게 직접 보여주면서 설명을 하고, 필요하면 즉석에서 수정해 주는 것이 좋다.

③ 인쇄편의점은 판촉물 판매와 함께 진행하는 것이 좋다. 신규 창업을 할 때에 인쇄물을 주문하는 경우가 많기 때문에 고객을 방문할 때에는 판촉물에 대한 샘플 혹은 사진을 노트북에 저장하여 갖고 가는 것도 좋다.

창업 아이템 11

일본 보따리무역

(1) 창업아이템의 개요

일본 보따리무역은 사업자등록을 하고 관세를 납부하는 소자본 무역의 일종이며, 부산에서 출발하여 일본 오사카지역의 할인점, 백화점, 재래시장, 전문도매상가 등에서 상품을 직접 구매한 후에 국내 시장에서 온라인과 오프라인에서 판매하게 된다. 이러한 일본 보따리무역은 소자본 창업이 가능하다는 인식이 확산되면서 2007년 이후 급속하게 증가되고 있는 실정이며, 일본 제품은 국내 소비자들이 매우 선호하는 제품으로서 재고부담이 없다는 장점이 있다. 또한 오프라인에서는 소매 및 도매형태의 창업이 가능하며, 온라인에서는 인터넷쇼핑몰, 오픈마켓(open market) 및 카페(cafe)를 활용한 공동구매 창업 등 다양한 형태의 창업이 가능하다는 장점이 있다. 일본 보따리무역에 관심이 있는 예비창업자들은 저자가 집필한 "일본소호무역으로 창업하기 (일본 보따리무역의 모든 것; 집현재, 2012.8.22)"를 참고하면 될 것이다.

(2) 창업성공사례 및 관련 사이트

일본 보따리무역의 성공사례는 다음과 같으며, 어떤 상품들을 판매하고 있는가를 꼼꼼하게 분석하는 것은 향후 일본 보따리무역을 준비하는 데에도 많은 도움이 된다. 또한 창업길라잡이(cafe.daum.net/isoho2jobs)에서는 일본 보따리무역 창업을 하고 싶은 예비창업자들을 모집하여 매월 일본 오사카 지역을 대상으로 연수를 진행하고 있다.

① 소호리(www.soholee.com)
② 나이키모아(www.nikemoa.com)
③ 키친스토리(www.lalalatable.com)
④ 쿨한놈(www.coolhannom.com)
⑤ 스위티홈(www.sweety-home.co.kr)
⑥ 니케(www.nikei.kr)

(3) 핵심 성공요소 및 준비사항

① 사업자등록을 해야 한다. 요즈음 보따리무역은 사업자등록도 해야 하고 부산 항구에서 통관을 할 때에 관세(關稅, tariff)도 납부해야 한다.
② 외국어(중국어, 일어)를 조금은 알아야 하는데 전혀 모르면 전자사전을 갖고 다니면 된다. 일본의 경우에도 일어를 전혀 몰라도 상품을 구입하는 데 별다른 문제가 없다.
③ 도매상에 출입할 수 있는 멤버십 카드를 발급받아 세일정보, 할인정보를 항상 관리해야 하는데, 멤버십 카드는 일반적으로 사업자등록이 있어야 발급이 가능하다.
④ 본인이 관심 있는 상품을 판매하는 매장의 위치와 특성을 파악한다.

⑤ 상품구매와 관련된 각종 경비를 최대한 절감하도록 해야 하는데, 경비가 구매원가에 포함된다는 것을 잊지 말아야 한다.

⑥ 여러 명의 상인들이 상호 협력하면 좋은데, 세일정보도 교환하고 때로는 공동구매를 통해 구매원가를 낮출 수 있을 것이다.

⑦ 교통(버스, 지하철) 및 민박에 대해 파악해야 하는데, 일본의 경우에는 한국과 교통흐름이 반대라는 것도 생각해야 한다. 아울러, 일본 오사카 지역의 지도에 특정 품목을 판매하는 도매상의 위치와 교통이용에 대해 자세하게 메모를 해 두면 좋다.

⑧ 관심품목에 대해 국내시장의 상황에 대해 사전에 조사하는 것이 중요한데, 인터넷쇼핑몰, 오프라인 점포, 백화점 등의 상품판매 및 가격동향에 대한 시장조사가 선행되어야 한다.

⑨ 일본의 브랜드에 대해 공부를 해야 하는데, 국내 소비자들은 어떤 브랜드를 특별히 더 선호하는지에 대해 파악해야 한다.

⑩ 어디에서 어떻게 판매할 것인가를 생각해야 하는데, 이것은 어떤 상품을 구매할 것인가 하는 것과도 직결되는 매우 중요한 문제이다.

창업 아이템 12

중국 보따리무역

(1) 창업아이템의 개요

중국 보따리무역은 이우 도매시장, 광저우 도매시장 등에서 상품을 구입하여 국내에서 온라인 혹은 오프라인에서 판매하는 것을 말한다. 국내 시장에서 중국 상품의 비중이 점점 더 커지는 것을 고려하더라도 향후 중국 보따리무역은 유망한 창업분야라고 할 수 있다.

(2) 창업성공사례 및 관련 사이트

중국 보따리무역을 도와주는 대표적인 사이트는 에스엠프라자(www.smplaza.co.kr), 이우라이토(www.ywraito.com), 이유포유(www.yiwu4u.com), 한스마일(www.hansmile.com) 등이 있다. 이러한 사이트들에서는 이우 및 광저우 도매시장에서 상품을 구입하기 위해 필요한 항공권 및 중국내 교통편 제공, 숙박시설 제공, 상품구입 및 선적 등에 대한 지원을 하고 있다.

(3) 핵심 성공요소 및 준비사항

앞에서 언급한 일본 보따리무역의 핵심 성공요소들은 중국 보따리무역에도 적용될 수 있으며, 추가적으로 생각할 것들은 아래와 같다.

① 상품을 구매한 후 선적할 때에 반드시 상품의 상태를 확인해야 한다. 가장 좋은 방법은 선적하기 전에 상품을 확인하고, 확인 후 구매대금을 지불하는 것이라고 할 수 있다.

② 중국 상품의 가장 큰 문제는 바로 불량품이 많다는 것인데, 창업자가 직접 상품을 선정하고 구매하는 것이 불량률을 낮추는 데 도움이 된다.

③ 신뢰할 수 있는 무역상과의 인맥형성을 통해 상품을 구매할 때마다 직접 가지 않아도 상품의 구매 및 선적이 가능하도록 하는 것이 필요하다. 다만, 불량품에 대한 반품 혹은 환불에 대한 계약을 별도로 하는 것이 꼭 필요하다.

창업 아이템 13

천연비누, 아로마 양초 및 슈가크레프트 창업

(1) 창업아이템의 개요

천연비누와 아로마 양초를 직접 만들어서 판매하는 창업아이템이며, 인터넷으로 판매하는 경우에는 점포가 필요가 없다. 무엇인가 만드는 것을 좋아하는 여성들에게 추천할 수 있는 창업아이템인데, 손재주뿐만 아니라 판매될 수 있는 상품으로 만들고자 하는 노력과 감각이 필요하다. 또한 슈가크레프트(Sugar Craft)는 슈가파우더를 주재료로 이용하여 반죽을 만들어서 색을 넣어 만드는 설탕 공예의 한 부분이며, 슈가크레프트를 이용하여 슈가케익을 만들게 된다,

(2) 창업성공사례 및 관련 사이트

미시우먼(www.missywoman.com)에서는 천연비누와 아로마 양초를 직접 만들 수 있는 다양한 재료를 판매하고 있으며, 천연비누 만들기 교육도 진행하고 있다. 한국수공예평생교육학원(www.sweetorange.co.kr)에서는 천연비누 및 천연화장품 만들기 교육, 슈가크레프트 자격증 과정을 운영하고 있다.

(3) 핵심 성공요소 및 준비사항

① 민간자격증을 취득하는 것이 고객에게 신뢰를 주는 데 도움이 되는데, 사단법인 평생교육진흥연구회(www.kyoyuk.org)에서 다양한 민간자격증을 취득할 수 있다.

② 고객의 특성을 파악하여 제품을 판매하는 것이 중요하다. 비교적 고가이기 때문에 제품의 구매 이유를 파악하여 적절한 제품을 권하는 것이 판매량을 높일 수 있다.

③ 천연비누와 아로마 양초를 판촉물로 홍보하여 판매하는 것도 필요한데, 이 경우에는 카페(cafe)를 만들어서 운영하는 것이 좋다.

④ 천연비누와 아로마 양초를 직접 만들어 보는 교육을 진행하는 것이 필요한데, 교육을 통하여 신규 창업자들을 배출할 수도 있다. 즉, 제품의 판매보다는 교육으로 인한 수익이 더 높을 수도 있다는 것이며, 취미과정보다는 창업과정을 개설하는 것이 필요하다.

창업 아이템 14

손자수 및 핸드메이드 창업

(1) 창업아이템의 개요

구제의류 리폼, 각종 수공예 제품, 수제쿠키, 수제다이어리 등 수작업(handmade)을 통해 만들어진 제품을 판매하는 창업 분야를 말한다. 예를 들어, 경기침체 및 실질 소득의 감소로 인해서 국내 혹은 외국의 중고의류를 리폼한 후에 다시 판매하는 의류사업이 인기를 끌고 있다. 구제의류 리폼업은 장애인, 모자가정 등이 도전해볼 만한 분야이며, 의류 악세사리, 신발, 모자 등 관련 아이템을 함께 판매하는 것이 좋을 것이다. 이러한 핸드메이드 창업의 경우에는 독특한 아이디어로 하나뿐인 작품을 만드는 것이 중요하며, 제품의 판매와 더불어 제품의 제작에 대한 강좌 개설을 통해 추가적인 수입이 가능하다.

한편, 핸드메이드(handmade, 수제)는 무한 팽창하고 있는 실정이다. 과거에는 의류나 신발 등 패션 분야에 집중되었던 핸드메이드가 웰빙과 개성을 중시하는 바람을 타고 먹을거리와 화장품, 주얼리 등으로 그 범위를 확장하고 있다(매일신문, 2010.8.12). 이에 따라 남성들의 진출도 크게 증가될 것으로 전망되며, 핸드메이드 아이템의 다양화가 지속될 것이다.

(2) 창업성공사례 및 관련 사이트

전통자수와 특허를 받은 자수법으로 다른 나라와 차별화된 세계 최고의 손자수 기술을 보유하고 있는 이용주 대표가 운영하고 있는 사실감혼자수(blog.naver.com/koartrea)가 대표적인 성공사례이다. 맘스마레(www.mamsmare.com)에서는 유기농 수제쿠키를 생산하여 판매하고 있다.

또한, 핸드메이드(handmade) 분야의 창업을 준비하는 예비창업자들은 한국수공예협회(www.handicraft.co.kr), 고려닥종이공예협회(www.dackjongie.co.kr), 한국생활수공예협회(www.koreaca.or.kr), 한국수공예문화협회(www.koreahca.or.kr) 등에서 필요한 전문분야의 교육을 받고, 아울러 민간자격증도 취득할 수 있다.

(3) 핵심 성공요소 및 준비사항

현재 손자수 및 핸드메이드 분야는 많은 사람들이 취미로 배우고 있는 분야이기 때문에 수익을 창출하기 위한 창업이 되기 위해서는 아래의 사항들을 생각해야 한다.

① (매우)(잘)만들 수 있어야 한다.
② (매우)(잘)만든다고, 잘 팔리는 것은 아니다.
③ 어떻게 고객에게 알릴(홍보) 것인가를 고민해야 한다.
④ 고객이 돈을 주고 구매할 것인가를 생각해야 한다.
⑤ 취미와 창업은 다르다.
⑥ 배우는 데 많은 시간과 돈이 들어간다.

⑦ 교육비 외의 다른 창업비용은 상대적으로 적게 들어간다.
⑧ 최고의 전문가에게 경험과 노하우를 배워야 한다.
⑨ 벤치마킹을 자주 하는 것이 매우 중요하다.
⑩ 수익을 창출하기까지 많은 인내와 끈기가 필요하다.
⑪ 만드는 데 시간과 비용이 많이 들어간다.
⑫ 고객은 비싸게 구매할 생각이 없다.
⑬ 많은 고객들은 손재주의 가치를 알아주지 않는다.
⑭ 자신만의 독창성을 확보할 수 있다.
⑮ 손재주는 눈으로 봐도 쉽게 모방할 수 없다.
⑯ 교육수입이 오히려 더 좋은 편이다.

창업 아이템 15

비즈공예

(1) 창업아이템의 개요

먼저 비즈(beads)란 장신구나 실내 장식 등에 쓰이는 구멍이 뚫린 작은 구슬이나 이와 비슷한 크기의 물체이다. 형태는 구 또는 원통 모양인 것이 많지만 그밖에도 꽃이나 별 모양을 한 비즈도 있다. 재료로는 유리, 플라스틱, 돌, 보석, 조개, 진주, 뼈 등이 쓰이고 있다. 장식품이나 수공예품, 장난감으로 팔리고 있으며, 옷이나 가방 등에 꿰어 붙이는 장식이나 입체적인 악세사리를 만들 수 있다. 이러한 비즈를 이용해 장신구나 실내 장식 등을 만드는 공예를 비즈공예(beadwork)라고 한다(위키백과, ko.wikipedia.org).

(2) 창업성공사례 및 관련 사이트

박명순씨가 운영하는 공예세상(cafe.daum.net/handscreft)이 성공사례이며, 카페에서 비즈공예 창업에 필요한 많은 정보를 얻을 수 있다. 또한 사단법인 풀잎문화센터연합회(www.pulib.com), 역곡한국문화센터(www.happyah.org) 등에서는 비즈공예분야의 창업교육을 진행하고 있다.

(3) 핵심 성공요소 및 준비사항

① 손자수 및 핸드메이드 창업에서 언급한 핵심 성공요소 및 준비사항을 참조하면 된다. 모두 수공예라는 공통점이 있기 때문이다.

② 최근 비즈공예 분야의 창업자들이 줄어들고 있는 상황이며, 수익성 또한 좋지 않는 상황이기 때문에 새로운 수익모델을 추가하여 창업을 하는 것이 좋다. 예를 들어, 천연비누, 기념품 및 판촉물 등과 같은 상품을 추가로 개발하는 것이 필요하다.

③ 박명순씨와 같이 카페(cafe)를 개설하여 교류하는 것이 필요하며, 회원들의 작품을 공동으로 판매할 수 있는 인터넷쇼핑몰 혹은 옥션, G마켓 등 오픈마켓 내의 스토어(store)의 개설도 고려할 수 있다. 즉, 수공예 분야는 어떻게 판매할 것인가에 대해 많은 준비와 노력이 필요하며, 한 달에 어느 정도의 매출을 올릴 수 있어야 지속할 수 있다.

④ 비즈공예, 손자수 및 핸드메이드 등의 창업에서 매출을 올리기 위해서는 개인별로 판로를 개척하기보다는 여러 명 혹은 단체가 공동으로 판매를 위해 노력하는 것이 중요하다. 예를 들어, 공동으로 운영할 수 있는 인터넷쇼핑몰을 운영한다든지 옥션 및 이베이(eBay)에 스토어(store)를 개설하여 공동으로 제품을 판매하는 것이 좋다는 것이다.

창업 아이템 16

해외 전자상거래 창업 및 판매대행

(1) 창업아이템의 개요

세계 최대 기업상대(B2B) 전자상거래 사이트인 알리바바닷컴(www.alibaba.com), 중국 최대의 일반인 대상 내수 소매 사이트인 타오바오닷컴(www.taobao.com), 이베이(www.ebay.com), 일본의 오픈마켓인 라쿠텐(www.rakuten.co.jp) 등에서 상품을 직접 판매하거나 판매를 대행해 주는 창업아이템이다. 사실 자영업자 혹은 소기업에서 해외 전자상거래 사이트에 상품을 등록하고 판매를 하는 것은 쉬운 일이 아니며, 상품을 등록하고 매출을 지속적으로 증가시키기 위해서는 전문가들의 조언과 도움이 절대적으로 필요하다. 특히 KOTRA가 세계 전자상거래 시장으로의 우리 기업 진출을 적극 지원하기로 결정을 하면서 많은 국내 기업들이 해외시장으로의 진출에 관심을 갖게 될 것이며(아주경제, 2011.3.28), 이러한 측면에서 다양한 해외 전자상거래 사이트를 활용한 상품등록 및 판매대행은 유망한 무점포 1인 창업아이템이라고 할 수 있다.

(2) 창업성공사례 및 관련 사이트

국내 오픈마켓의 판매를 대행하는 와이드아이티씨(wideitc.com), 미국의 이베이(eBay)와 일본의 라쿠텐의 판매를 대행하는 이미지스튜디오(www.imagestudio.co.kr), 일본의 온라인 및 오프라인 시장에서의 판매를 대행해 주는 플러스엠에프(www.plusmf.com) 등이 있는데, 창업자는 이러한 사이트에 접속하여 벤치마킹(benchmarking)하는 것이 필요하다.

(3) 핵심 성공요소 및 준비사항

① 다양한 외국어로 상품설명을 작성할 수 있는 어학 실력이 필요한데, 이를 위해서는 외국어 실력뿐만 아니라 해외 고객들의 특성에 대해 잘 알고 있어야 한다.

② 해외 전자상거래 사이트의 구조 및 주요 기능에 대한 이해, 광고를 하는 방법, 해외 배송 등에 대한 실무지식이 필요하다.

③ 해외 전자상거래 사이트에서의 판매경험을 통해 독립적인 전자상거래 사이트의 개발 및 운영도 생각해 볼 수 있으며, 관련 법률도 알아야 한다. 예를 들어, 국내에서 인터넷쇼핑몰을 개설하고 운영할 때에는 '전자상거래 등에서의 소비자보호에 관한 법률'을 이해하고 있어야 한다는 것이다.

창업 아이템 17

전문자격 창업(가맹거래사)

(1) 창업아이템의 개요

가맹거래사는 2002년 5월에 제정된 '가맹사업거래의 공정화에 관한 법률'에 의거하여 2003년부터 자격시험을 실시하고 있으며, 2007년 8월의 법 개정으로 인해 자격명이 '가맹사업거래상담사'에서 '가맹거래사'로 변경되었다. 즉, 가맹거래사는 프랜차이즈 창업분야의 국가자격증이라고 할 수 있으며, 가맹거래사는 가맹사업의 사업성 검토, 가맹사업 당사자의 교육 및 훈련, 정보공개서와 가맹계약서의 작성 및 수정에 관한 상담이나 자문, 분쟁조정신청대행, 정보공개서 등록신청 대행 등 가맹사업 전반에 대한 경영 및 법률서비스를 제공하는 전문가를 말한다.

(2) 창업성공사례 및 관련 사이트

현재 국내에는 국가자격증인 가맹거래사들의 단체인 사단법인 대한가맹거래사협회(www.fea.or.kr)가 있다. 또한 갈라파고스 학원(www.galapagos.kr), 에듀올(www.eduall.kr) 등에서도 가맹거래사 자격증 취득을 위한 교육도 하고 있다.

(3) 핵심 성공요소 및 준비사항

① 가맹거래사 외에도 산업인력공단에서 운영하고 있는 자격의 모든 것(www.q-net.or.kr)에서는 국가자격증, 민간자격증, 외국자격증에 대한 정보를 제공하고 있는데, 1인 창업이 가능한 다양한 자격증을 취득하면 된다.

② 프랜차이즈 본사와 제휴하여 예비창업자들의 적성 및 자금에 맞는 창업아이템들을 추천해 주는 등 창업지원을 통하여 수익을 발생시킬 수도 있다. 이때에 조심해야 할 것은 프랜차이즈 본사를 위해 예비창업자들을 희생시키는 행위, 본사의 일방적인 요구사항을 예비창업자들에게 떠넘기는 행위 등 부도덕적이고 비윤리적인 행위를 하지 말아야 한다.

③ 프랜차이즈 본사의 설립 및 가맹점 모집 등에 대한 컨설팅을 할 수 있는데, 이를 위해서는 창업관련 커뮤니티의 운영은 필수적이라고 할 수 있다. 이를 위해서는 카페(cafe)를 개설하여 운영하는 것이 좋다.

창업 아이템 18

인터넷쇼핑몰을 활용한 프랜차이즈 창업

(1) 창업아이템의 개요

인터넷쇼핑몰을 활용한 프랜차이즈 창업은 본사 혹은 가맹점 창업으로 구분하여 생각할 수 있으며, 가맹점 창업은 창업자가 독립적으로 인터넷쇼핑몰을 개발하여 운영하는 것이 아니라 다른 회사가 운영하고 있는 인터넷쇼핑몰을 가맹점으로 분양받아서 운영하는 창업을 말한다. 상품의 조달 및 배송에 신경을 쓸 필요가 없으며, 홍보와 광고에만 집중하면 된다는 장점이 있다. 아울러, 인터넷쇼핑몰 창업에 대한 경험과 노하우가 부족한 경우에는 먼저 가맹점 쇼핑몰의 운영을 통해 창업실패의 리스크(risk)를 크게 줄일 수 있으며, 가맹점 쇼핑몰의 경험을 바탕으로 인터넷쇼핑몰 프랜차이즈 본사를 설립하여 전국적으로 가맹점을 모집할 수 있다.

(2) 창업성공사례 및 관련 사이트

인터넷창업도 프랜차이즈 본사 및 가맹점 형태로 창업을 할 수 있는데, 구체적인 내용에 대해서는 메이크샵(www.makeshop.co.kr)의 [뉴프랜차이즈] 메뉴 혹은 메이크프랜(www.makefran.co.kr)에서 자세하게 소개하고 있다. 예를 들어, 메이크샵에서 제공하는 인터넷쇼핑몰을 활용한 프랜차이즈 창업은 A타입(본사 중심형), B타입(대리점 상품등록 500개), C타입(대리점 중심형)의 3가지 유형이 있다.

(3) 핵심 성공요소 및 준비사항

① 개별 가맹점들이 개발한 상품들을 본사 인터넷쇼핑몰에 등록하게 되면, 전체 가맹점들의 인터넷쇼핑몰에도 동시에 등록되기 때문에 상품을 개발한 가맹점들의 수익이 크게 높아지게 된다. 따라서 프랜차이즈 본사에서는 개별 가맹점들이 인터넷쇼핑몰의 운영뿐만 아니라 새로운 상품의 개발에도 관심을 갖도록 하는 것이 필요하다.

② 가맹점 인터넷쇼핑몰에서는 본사에서 제공하는 상품 외에 자체 상품을 500개까지 등록할 수 있으며, 본사 상품과 연계될 수 있는 상품들을 직접 등록해 보는 것이 필요하다.

③ 다음(Daum)과 네이버(Naver)에서의 키워드 광고를 어떻게 진행할 것인가에 대한 계획을 수립하여 진행해야 하는데, 인터넷쇼핑몰의 매출은 키워드 광고비용에 의해 가장 많은 영향을 받는다고 할 수 있다.

④ 본사가 폐업하는 경우에 대비를 하여 독립적인 인터넷쇼핑몰 창업이 가능하도록 상품을 충분히 개발해야 한다. 이를 위해서는 국내 및 해외 도매시장에 대한 탐방은 물론 온라인 도매사이트들에 대한 접속 및 조사도 적극적으로 진행해야 한다.

창업 아이템 19

숍인숍(Shop in Shop) 창업

(1) 창업아이템의 개요

경기전망이 불투명할 경우에 많은 자금을 투자하여 창업을 하는 것은 금물인데, 그 대안이 바로 숍인숍(shop in shop) 혹은 더부살이 창업이라고 할 수 있다. 즉, 다른 사람의 점포를 이용하여 창업을 하는 것을 말한다. 또한 숍인숍(shop in shop) 창업에서는 수익이 발생하는 경우 점포주에게 일정 비율을 주거나 일정 금액을 월세의 형식으로 지불한다.

한편, 숍인숍(shop in shop) 창업은 점포 내 혹은 점포 밖의 공간을 사용하게 되는데, 점포 밖의 공간을 사용할 경우에는 제품의 관리 및 보안에 신경을 써야 한다. 일반적으로 숍인숍(shop in shop) 창업의 장점은 다음과 같다.

① 별도의 점포가 필요 없다.
② 창업비용이 상대적으로 저렴하다.
③ 위험(risk)이 상대적으로 낮다.
④ 투잡스(two jobs)로 적합한 분야이다.

⑤ 독립형 창업의 전단계로서 경험을 쌓을 수 있다.

(2) 창업성공사례 및 관련 사이트

숍인숍(shop in shop) 창업으로 적합한 창업아이템들은 다음과 같은데, 점포의 크기와 성격에 따라 다양한 상품을 입점하여 판매할 수 있다. 그렇기 때문에 굳이 아래의 아이템에 한정하지 말고, 먼저 기존 점포에서 판매하고 있는 상품의 성격부터 파악하는 것이 필요하다.

① 자판기(커피 자판기, 물방울 연출 자판기, 디지털사진 인화 자판기 등)
② 비디오(DVD) 대여점
③ 동전 오락기
④ 스티커 사진기
⑤ 네일아트 창업
⑥ 피부관리 창업
⑦ 기타 전문적인 지식이 없어도 판매가 가능한 상품

한편, 크런치오븐(www.crunchoven.co.kr)은 대표적으로 숍인숍 창업을 지원하고 있는 카페프랜차이즈이며, 보통 4평 이내의 작은 규모의 매장으로 4~5천만원대의 창업비용으로 소자본창업이 가능하다는 장점이 있다(모닝뉴스, 2011.5.18). 또한 피자클럽에서도 백화점, 대형마트, 기업형 슈퍼마켓(SSM) 등 중대형 소매점 안에 숍인숍 형태로 점포망을 계속하여 구축하고 있다(한국경제, 2011.2.16).

(3) 핵심 성공요소 및 준비사항

숍인숍(shop in shop) 창업을 할 때에 고려해야 할 점은 다음과 같다.

① 신규창업자의 경우에는 더부살이 형태로 경험을 쌓은 후에 독립점포로 발전시키는 것이 좋다. 처음부터 무리하게 독립점포로 창업을 하게 되면 예상치 못한 문제들이 발생하는 경우에 대응력이 떨어질 수 있다는 것이다.

② 자판기의 경우에는 유행에 민감하면서 수명이 짧을 수 있다는 것을 생각해야 한다. 그렇기 때문에 자판기를 구입하기보다는 임대하여 사용하는 것도 고려해야 한다.

③ 하나의 매장보다는 여러 매장에서 숍인숍(shop in shop) 창업을 진행하는 것을 고려할 수 있으며, 이러한 경우에는 상품의 공급에 차질이 없도록 해야 한다. 또한 상품이 판매되고 있는 매장들의 매출 및 고객반응도 정기적으로 점검해야 한다.

④ 기존 점포에서 판매하고 있는 상품과 굳이 연계가 되지 않더라도 점포 내로 고객을 많이 유입시킬 수 있는 상품을 개발하는 것이 중요한데, 고객 방문을 증가시켜서 결국 매출 상승으로 이어지기 때문이다. 예를 들어, 휴대폰 매장의 여유 공간을 활용하여 커피전문점 창업을 하는 것은 윈-윈(WIN-WIN)이 될 수 있다. 마찬가지로 여성의류 전문점 내에 피부관리 혹은 네일아트 전문점을 창업하는 것도 좋을 것이다.

창업 아이템

20 단체 설립 및 민간자격증을 활용한 창업

(1) 창업아이템의 개요

창업이라고 하면 점포를 활용한 상품의 판매 혹은 인터넷상에서의 상품판매를 생각할 수도 있으나, 단체에서 무형의 상품과 교육서비스를 제공하고 민간자격증을 발급하여 수익을 창출할 수도 있다. 다만, 단체의 성격이 분명하고 향후 성장의 가능성이 있는 동시에 단체에서 발급하는 민간자격증을 활용하여 창업 혹은 매출 상승으로 연결될 수 있어야 한다.

(2) 창업성공사례 및 관련 사이트

창업에 도움이 되는 다양한 교육을 진행하고 있으며, 아울러 민간자격증도 발급하고 있는 단체들을 살펴보면 다음과 같다. 먼저 사단법인 국제웃음치료협회(www.ha.or.kr)에서는 웃음치료사 자격증을 발급하고 있으며, 한국POP예술협회(cafe.daum.net/glmaruart)에서는 POP, 폼아트, 초크아트 분야의 교육 및 강사 자격증을 발급하고 있다. 또한 사단법인 평생교육진흥연구회(www.kyoyuk.org)에서는 방과후지도사, 독서지도사, 논술지도사, 한글지도사, 문예교육지도사, 공예교육지도사 등 다양한 자격증을 발급하고 있다.

(3) 핵심 성공요소 및 준비사항

① 단체에서 발급하는 민간자격증이 수익창출이 될 수 있는가를 판단해야 한다. 즉, 창업으로 연결될 수 있어야 하며, 장기적으로도 성장할 수 있는 창업분야의 민간자격증이어야 한다.

② 자격증을 발급하기 전에 민간자격정보서비스(www.pqi.or.kr)에서 국가 공인을 받는 것이 필요하다. 현재 민간 자격은 자격기본법에 따라 미성년자 등의 결격사유와 국방·반(反)사회 등 금지분야에 해당되지 않으면 누구나 신설 등록이 가능한데, 2010년 말에는 1,564개가 등록돼 있었으나(서울신문, 2011.2.18), 2013년에는 5,400여개로 크게 증가하고 있는 실정이다(데일리그리드, 2013.11.26).

③ 단체를 해당 정부기관에서 사단법인(incorporated association)으로 인가를 받을 수 있도록 하는 것이 좋으나, 반드시 사단법인 인가를 받을 필요는 없다.

창업 아이템 21

상품사진 촬영 및 상품이미지 제작업

(1) 창업아이템의 개요

상품이미지 제작업은 인터넷쇼핑몰, 옥션과 G마켓 등 오픈마켓 창업자, 이베이(eBay) 및 카페(cafe) 창업자들이 판매할 상품의 사진을 디카로 촬영한 후에 포토샵을 활용하여 일정한 크기의 상품이미지로 만들어 주는 창업아이템이다. 다만, 인터넷에서 상품을 구매하는 고객들이 상품이미지만 보고도 상품에 대한 특성을 모두 파악할 수 있도록 꼼꼼하게 제작할 수 있는 사진촬영 및 포토샵 관련 기술이 있어야 한다.

(2) 창업성공사례 및 관련 사이트

다이나믹서(www.dynamixer.co.kr), 비타민스튜디오(www.studiovitamin.co.kr) 등에서는 상품사진 촬영 및 물품 상세페이지에 필요한 상품이미지를 제작해 주고 있다. 또한 여성창업길라잡이(cafe.daum.net/womanmentor)를 운영하는 조현숙 박사는 포토샵, 일러스트레이터 등을 활용하여 창업자가 요구하는 창업이미지를 만들어 주는 투잡스(two jobs)를 하고 있다.

(3) 핵심 성공요소 및 준비사항

① 디카로 상품사진을 효과적으로 촬영할 수 있도록 사진촬영에 대한 교육을 받아야 하는데, 사진촬영을 제대로 하였다면 포토샵(photoshop) 작업이 많이 필요하지 않기 때문이다.

② 포토샵(photoshop), 일러스트레이터(illustrator) 등 그래픽소프트웨어를 잘 사용할 수 있어야 하는데, 사실 대부분의 경우 포토샵만 잘 사용할 수 있어도 충분하다.

③ 앞에서 설명한 '동영상(UCC) 제작 및 등록 대행업'과 연계하여 창업을 할 수 있다. 즉, 상품이미지 제작업을 전업으로 하기에는 수익이 충분하지 않을 가능성이 있기 때문에 다른 창업아이템을 추가하여 수익성을 향상시키는 노력이 필요하다.

창업 아이템 22

해외 고객을 위한 전자상거래 창업

(1) 창업아이템의 개요

현재 대부분의 창업자들은 국내 고객만을 대상으로 상품과 서비스를 판매하고 있는 실정인데, 컴퓨터와 인터넷을 효과적으로 활용하면 전 세계 고객을 대상으로 상품과 서비스의 판매가 충분히 가능하다. 예를 들어, 집에서도 컴퓨터 1대만 있으며. 해외 고객들을 대상으로 상품을 판매할 수 있는 다양한 전자상거래 사이트들이 개설되어 있으며, 아울러 인터넷쇼핑몰 솔루션들도 개발되어 있다.

(2) 창업성공사례 및 관련 사이트

임대형 인터넷쇼핑몰 전문기업에서는 국내시장뿐만 아니라 해외의 고객들에게도 상품을 판매할 수 있도록 지원하고 있다. 예를 들어, 메이크샵(www.makeshop.co.kr)에서는 한국어, 영어, 중국어, 일본어 쇼핑몰을 운영할 수 있도록 지원하고 있는데, 일본시장에 진출하려면 메이크샵이 개발한 메이크트랜스(www.maketrans.com)를 사용하여 인터넷쇼핑몰을 만들면 된다. 또한, 드림웹(www.dreamweb.co.kr)에서는 한국어 쇼핑몰뿐만 아니라 영어, 일본어, 중국어로 인터넷쇼핑몰을 제작해 주고 있기 때문에 해외 고객을 대상으로 하는 전자상거래 창업을 지원하고 있다.

(3) 핵심 성공요소 및 준비사항

① 해외 전자상거래에 대한 특징 및 국내 전자상거래와 비교한 차별성에 대해 잘 이해하고 있어야 한다. 특히 상품을 판매하고자 하는 국가의 고객들의 구매특성에 대한 파악도 사전에 진행되어야 한다.

② 배송은 어떻게 할 것이며, 환불 및 반품에 대한 준비 및 대책도 마련해야 한다. 아울러, 고객이 전화 혹은 메일로 문의를 할 경우에 신속하게 응답할 수 있도록 준비해야 한다.

③ 외국의 주요 포털을 조사하고 키워드 광고를 어떻게 진행할 것인가에 대한 준비도 해야 한다. 예를 들어, 메이크트랜스(www.maketrans.com)를 사용하여 일본 고객들을 대상으로 전자상거래 창업을 한다면, 일본의 어느 포털에서 키워드 광고를 진행할 것인가에 대한 계획이 구체적으로 마련되어야 한다.

창업 아이템 23

INIP2P를 활용한 상품판매 창업

(1) 창업아이템의 개요

(주)이니시스에서 개발한 INIP2P 서비스(www.inip2p.com)는 국내 최초로 개발된 개인간 안전거래 중계 모듈이다. INIP2P 서비스는 카페와 블로그 등의 개인 웹사이트에서 상품을 판매할 때에 사용할 수 있는 결제솔루션이다. 즉, 상품의 구매자는 블랙리스트에 신경 쓰지 않고 상품을 보냈는지에 대한 불안감을 떨쳐 버리고, 판매자는 현금 이외의 지불수단을 통해 판매활동을 할 수 있는 안전한 상거래 방식이다.

카페(cafe), 블로그(blog) 혹은 개인 웹사이트를 운영하고 있다면, INIP2P를 활용한 상품과 서비스의 판매는 창업경험을 쌓는 데 도움이 될 수 있다. 또한 창업자는 다양한 판매방법을 경험할 수 있으며, 다양한 판매방법들의 융합(convergence)을 통해서 수익창출을 할 수 있는 방법을 배울 수 있을 것이다.

INIP2P는 크게 판매자 상품등록, 구매자 상품구매, 에스크로 및 정산의 3가지 서비스로 구성되어 있는데, 〈그림 2〉는 INIP2P의 초기화면이다.

그림 2 INIP2P의 초기화면

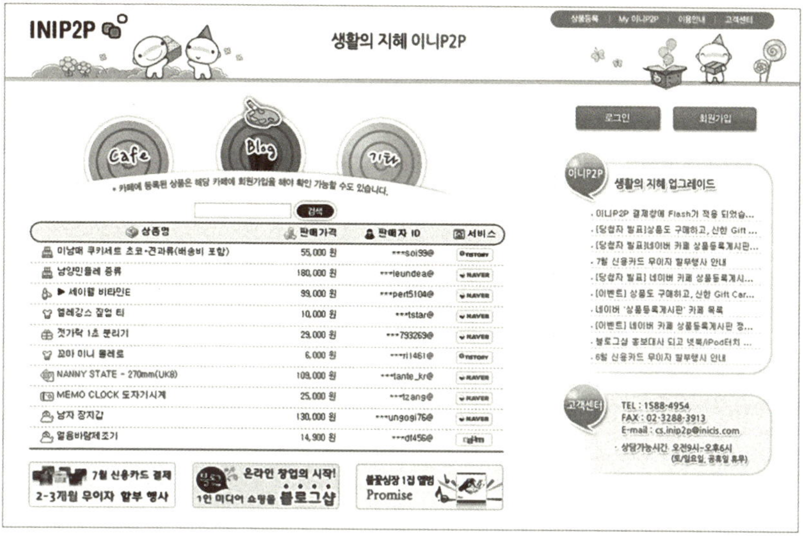

① 판매자 상품등록

판매자는 INIP2P에 상품명, 상품분류, 가격과 수량을 입력하여 판매버튼을 생성 받으며, INIP2P를 통해 생성된 판매버튼을 판매자의 블로그, 카페 등의 웹사이트에 복사&붙여넣기를 통해 판매버튼을 게시할 수 있다.

② 구매자 상품구매

구매자는 판매자의 블로그 또는 카페에 게시된 상품을 구매할 경우 판매자가 게시한 구매하기 버튼을 클릭하면 (주)이니시스에서 제공하는 INIP2P를 통한 안전결제가 시작된다. 그렇기 때문에 옥션과 G마켓에서와 같이 구매자가 결제한 돈은 구매자가 상품을 수령한 후에 구매결정을 할 때까지 (주)이니시스가 안전하게 보관하게 된다.

③ **에스크로(Escrow) 및 정산**

구매자가 결제 후 판매자는 택배사 등을 통해 물품을 배송하게 된다. INIP2P는 판매자가 배송한 택배사를 통해 물품 배송정보를 제공받아 물품배송 여부를 인지하고 물품배송이 완료된 후 구매자가 물품 수령 거절을 하지 않는 경우에만 수수료를 제외한 판매대금을 판매자에게 정산한다.

앞에서 설명한 INIP2P를 사용하기 위해서는 먼저 INIP2P(www.inip2p.com)에 가입을 해야 하며, 아이디는 이메일 주소를 사용하게 되는데 가입을 하게 되면 이메일 주소로 인증서를 보내준다. 따라서 이메일로 접속하여 인증서를 클릭해야 가입절차가 끝나게 된다.

〈그림 3〉은 INIP2P에서의 상품등록 화면인데, 신용카드, 계좌이체, 무통장입금의 3가지 지불수단을 선택할 수 있다. 상품명을 입력한 후에 상품분류를 선택하고, 가격과 수량을 입력한 후에 지불수단을 선택하고 [상품등록]을 누르면 상품판매 버튼이 생성된다. 그 후에 상품정보 그대로 복사하기, HTML 소스 복사하기, 상품링크 복사하기 중에서 하나를 복사하여 붙여넣기를 하면 되는데, HTML 문서를 사용할 수 있는 웹사이트에서는 HTML 소스 복사하기를 사용하면 된다.

(2) 창업성공사례 및 관련 사이트

드림24 블로그(blog.daum.net/ihnnblue/31), 네이버 블로그(blog.naver.com/jcohs46), BLACKDIAMOND(blog.naver.com/skylee337) 등에서는 블로그에 상품을 등록하고, 고객들은 INIP2P를 활용하여 결제하

그림 3 INIP2P의 상품등록 화면

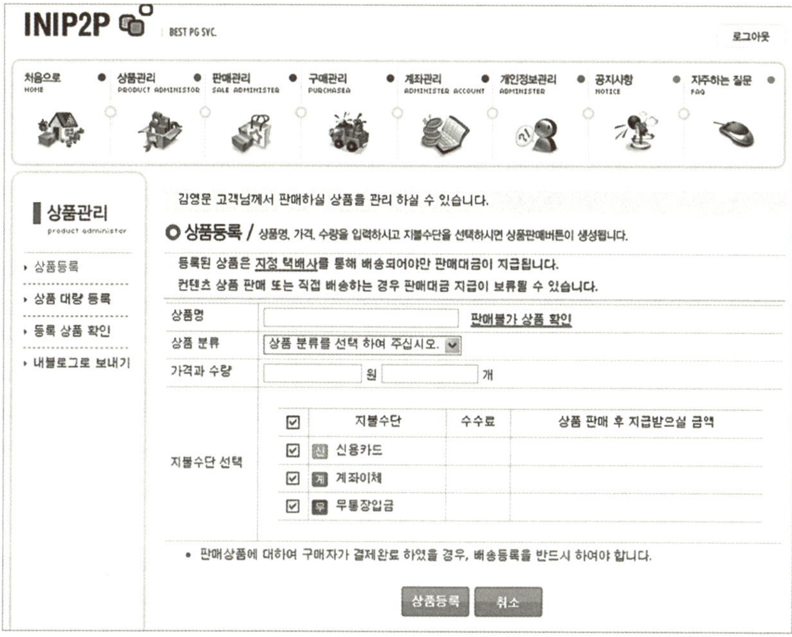

도록 하고 있다. 또한 창업길라잡이(cafe.naver.com/ihavetwojobs)에서는 [중고/신상품 구매장터] 게시판을 설치하여 상품을 등록한 후에 고객들은 INIP2P를 활용하여 결제하도록 하도록 하고 있다.

(3) 핵심 성공요소 및 준비사항

① 카페(cafe), 블로그(blog) 등 창업자의 웹사이트가 있어야 하며, 하루에 방문하는 네티즌의 수가 많아야 한다. 따라서 다양한 콘텐츠를 등록하여 카페와 블로그를 활성화시키는 것이 필요하다.

② 아직도 대부분의 네티즌들은 INIP2P를 잘 모르기 때문에 INIP2P

의 개발회사인 (주)이니시스(www.inicis.com)와 INIP2P의 기능에 대해 상세하게 설명하는 것이 필요하다. 그래야 고객들이 신뢰하며 이용할 수 있을 것이다.

③ INIP2P를 활용하여 많은 상품을 판매한다는 생각보다는 카페(cafe), 블로그(blog)에서도 신용카드결제를 할 수 있다는 것을 배우는 것이 좋은데, 향후 다양한 결제방법이 개발될 것으로 예상된다.

창업 아이템 24

카페(cafe)와 블로그(blog)를 활용한 전자상거래 창업

(1) 창업아이템의 개요

(주)이니시스에서 이니P2P(www.inip2p.com)를 개발한 이후 카페와 블로그에서도 상품을 등록하고 신용카드 등의 결제수단을 활용하여 기존의 인터넷쇼핑몰처럼 결제를 하는 것이 가능하게 되었다. 아울러 2009년 6월 11일부터는 네이버(Naver) 카페에서 상품등록게시판을 신설하였으며, 2011년 2월 8일부터는 다음(Daum) 카페에서도 상품등록게시판을 개설하여 상품을 등록하고 판매하는 것이 가능하게 되어 개인판매자들이 급속하게 증가될 전망이다. 자세한 것은 네이버 카페의 공지사항 '상품등록게시판 오픈!'을 참조하면 된다.

네이버의 상품등록게시판의 기본원칙을 보면 네이버 회원 1인당(주민등록번호 기준) 상품등록횟수는 월 20회, 판매등록금액은 600만원까지만 가능하다. 또한 거래진행 여부와 관계없이 게시 글을 삭제해도 월 판매등록금액 및 횟수 제한에 포함되는데, 상품등록게시판의 사용방법은 아래와 같다.

(2) 상품등록게시판의 개설

〈그림 4〉는 네이버 카페의 카페관리 > 메뉴관리 화면인데, 왼쪽 메뉴 종류에서 새롭게 추가된 상품등록게시판을 확인할 수 있다. 기존의 게시판 생성방법과 동일하게 상품등록게시판을 선택하여 카페 메뉴에 추가하면 된다. 물론 상품등록게시판의 이름은 창업자가 주로 판매하고자 하는 제품의 종류 등으로 변경이 가능하다.

〈그림 5〉에서와 같이 메뉴기본설정에서 메뉴명과 게시판설명을 입력한 후, 해당 게시판에서 사용할 거래종류를 선택하여 거래종류별로 게시판을 구별하여 편리하게 사용할 수 있다. 거래종류는 복수 선택이 가능하며, 공동구매는 매니저와 부매니저, 공동구매 스탭만 상품등록이 가능하다.

한편, 부가가능도 설정할 수 있는데, 〈그림 6〉은 네이버카페의 카페관리 > 레이아웃관리 화면이다. 왼쪽 메뉴 사용 및 출력설정의 가장

그림 4 상품등록게시판 추가

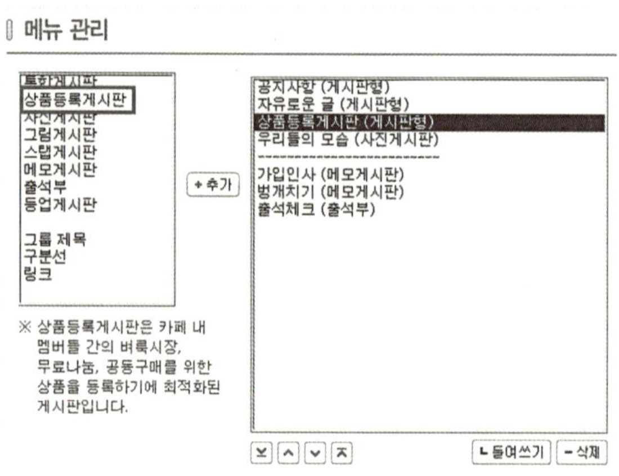

그림 5 거래종류의 설정

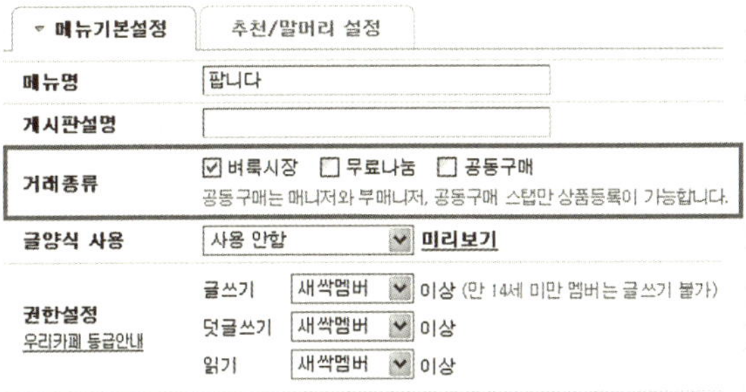

그림 6 부가기능의 설정

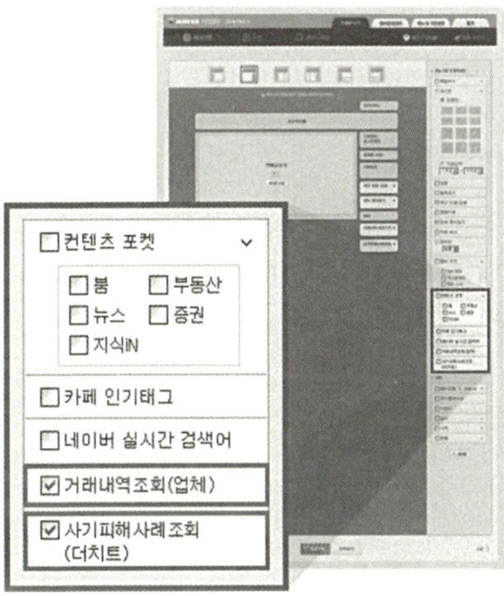

아래쪽에 '거래내역조회(업체)', '사기피해사례조회(더치트)' 항목을 확인할 수 있다. 기존 메뉴/위젯 설정방식과 동일하게 항목을 선택하여 레이아웃 화면에서 위치를 설정하면 된다.

(3) 창업성공사례 및 관련 사이트

앞서 설명한 것과 같이 다음(Daum)과 네이버(Naver)에서 카페(cafe)를 개설한 후에 상품등록게시판을 추가하여 인터넷쇼핑몰의 형태로 운영할 수 있다. 또한 (주)이니시스에서 개발한 INIP2P 서비스(www.inip2p.com)를 활용하여 블로그를 인터넷쇼핑몰과 같이 만들어서 운영할 수 있는데, 이것을 블로그샵(Blog shop)이라고 한다.

(4) 핵심 성공요소 및 준비사항

① 카페와 블로그를 활용한 인터넷쇼핑몰을 창업하기 위해서는 카페와 블로그에 많은 사람들이 방문하도록 하는 것이 중요하다. 그렇게 하기 위해서는 좋은 콘텐츠를 많이 등록하는 것도 필요하며, 다양한 모임과 행사를 진행하는 것이 필요하다.

② 카페와 블로그에 등록된 상품을 판매하고 있는 창업자의 점포가 있는 경우에는 판매량을 증가시킬 수 있다. 즉, 점포가 있는 경우에는 고객들이 조금 더 신뢰하는 경향이 있기 때문이다.

③ 환불, 반품 및 애프터서비스에 대한 준비가 마련되어야 하며, 고객이 신뢰할 수 있도록 노력하는 것이 중요하다.

④ 사업자등록, 통신판매업 신고까지 한 후에 카페에 공지를 하면 고객들이 더 신뢰할 것이며, 카페 및 블로그에서 상품을 판매하고 돈을 받게 되면 결국 사업자등록을 하는 것이 바람직할 것이다.

⑤ 카페(cafe)를 활용하여 전자상거래 창업을 할 수 있는 더 많은 내용에 대해서는 저자가 출판한 "카페(cafe)로 창업하기"(집현재, 2012.7.5)를 참고하면 될 것이다.

창업 아이템 25

국내외 도매시장을 활용한 창업

(1) 창업아이템의 개요

국내 및 해외 도매시장에 대한 탐방을 진행하면서 수익을 발생시키는 창업아이템이다. 현재 국내 도매시장은 동대문, 남대문 및 화곡동 도매시장이 있으며, 해외 도매시장은 중국 이우시장 및 일본 오사카 도매시장 등이 있다. 이러한 도매시장 탐방은 단순히 탐방에 참여하는 사람들로부터 받는 참가비 외에도 상품의 선정, 점포의 입지선정, 점포 오픈 등 실질적인 창업을 지원함으로 인해 받게 되는 컨설팅 및 교육 등의 수입이 있다.

(2) 창업성공사례 및 관련 사이트

중국 도매시장 탐방을 진행하는 대표적인 사이트는 에스엠프라자(www.smplaza.co.kr), 이우라이토(www.ywraito.com), 이유포유(www.yiwu4u.com) 등이 있다. 일본 도매시장 탐방을 진행하는 사이트는 창업길라잡이(cafe.daum.net/isoho2jobs)와 일본창업연구소(cafe.naver.com/limdk325)가 있으며, 동대문, 남대문 및 화곡동 도매시장에 대한 탐방을 진행하는 사이트로는 상인창업센터(cafe.daum.net/xq)가 있다.

(3) 핵심 성공요소 및 준비사항

① 국내 도매시장에 대한 탐방은 주말에 진행할 수 있다는 장점이 있으며, 도매시장의 구조를 잘 알고 있어야 한다. 또한 도매상가 상인들과의 인맥이 형성되어 있어야 예비창업자들의 창업을 효과적으로 지원할 수가 있다.

② 도매시장을 탐방한 후 창업을 원하는 예비창업자들을 위해 상품의 선정을 포함하여 창업의 전체 과정을 지원할 수 있는 창업전문가로서의 능력을 갖추어야 한다. 특히 점포의 입지를 선정해야 하는 경우에는 상권분석 및 입지선정 방법에 대한 실무지식을 갖추고 있어야 한다.

③ 해외 도매시장에서 상품을 구매하는 경우에는 상품의 선적 및 배송, 관세의 납부, 세금 신고 및 납부 등에 대한 실무지식을 갖추고 있어야 한다.

창업 아이템 26

판촉물 창업

(1) 창업아이템의 개요

먼저 판촉물은 판매 촉진을 위해 무료로 제공하는 물품을 말하며, 넓은 범위에서의 판촉물은 기업판촉물은 물론 각종 모임, 동호회, 홍보용 일반 답례품에서부터 돌잔치 답례품, 회갑잔치 답례품 등을 포함하고 있다(DIP통신, 2011년 2월 21일).

(2) 창업성공사례 및 관련 사이트

판촉물 전문 사이트로는 피알기프트(www.prgift.com), 조아기프트(www.joagift.co.kr), 판촉클럽(www.87club.com), 글로벌기프트(www.87world.co.kr), 행사날(www.hangsanal.com), 기프트섬(www.giftsum.com), 기프트파워(www.giftpower.kr), 판촉물코리아(www.pka.co.kr) 등이 있는데, 일반적으로 판촉물을 판매하는 인터넷쇼핑몰의 경우에는 개발비에 대한 부담은 없고 월 사용료로 5~10만원만 지불하면 누구나 운영을 할 수가 있다.

(3) 핵심 성공요소 및 준비사항

① 판촉물 시장은 경쟁이 워낙 치열한 실정이며, 최근 판촉물에 대한 고객들의 반응은 많이 시들해졌다. 이에 따라 고객들이 항상 갖고 다니면서 사용하거나 오래 간직할 수 있는 제품의 개발 및 판매가 중요한데, 선물용품 및 판촉물 전시회에 참석하여 살펴보는 것도 도움이 된다. 예를 들어, 부산 벡스코에서는 매년 부산 국제 선물용품 및 판촉물 전시회를 개최하고 있다(아시아투데이, 2011.7.21).

② 판촉물 창업은 독립형 창업보다는 투잡스(two jobs) 형태로 진행하는 것이 좋은데, 수익성과 성장성에 있어서 다른 창업아이템에 비하여 늦다는 단점이 있다. 이에 따라 인쇄편의점과 함께 창업을 하는 것이 좋은데, 조아기프트(주)에서는 월 10만원의 비용으로 판촉물 및 인쇄물 온라인 쇼핑몰을 지원하고 있다(일간스포츠, 2013.12.26).

③ 다양한 모임에 가입하여 활동하는 것은 판촉물의 영업에 많은 도움이 될 수 있으며, 기업, 기관 및 단체 등에 우편물을 발송하여 홍보하는 것도 필요하다.

창업 아이템 27

인력파견 서비스

(1) 창업아이템의 개요

인력파견 서비스는 결혼식 도우미, 침대 및 화장실 등의 청소대행 및 리폼업, 과외교사 파견, 가사 도우미, 베이비시터 및 실버시터(silver sitter) 파견업, 출장세차, 이사(택배)서비스 등에 인력을 파견하여 이루어지는 각종 생활 관련 서비스를 말한다. 인력파견 서비스의 경우에는 보유하고 있는 인력에 대한 신뢰성 및 질적 수준이 성패의 관건이라고 할 수 있는데, 온라인 사이트를 만들어서 검색기능에 의해 상호 연결될 수 있도록 할 수 있다. 요즈음 주 5일 근무제가 확산되면서 생활과 관련된 인력파견 서비스의 수요가 증대할 것으로 예상되는데, 단순 노동인력의 파견보다는 전문적인 인력서비스를 요구하는 분야에 대한 수요가 점차 증대될 것으로 예상된다.

(2) 창업성공사례 및 관련 사이트

새알도우미(www.doumi119.co.kr), 엄마손 베이비시터(www.aummason.com), 광출장세차(www.1644-3733.com), 우림맨테크(www.woolimmt.co.kr), 구구파출부(www.99pachul.com), 제이앤피21(www.jnp21.co.kr)

등의 다양한 창업사례들이 있으며. 창업을 하기 전에 벤치마킹을 하면 많은 아이디어를 얻을 수 있다.

(3) 핵심 성공요소 및 준비사항

① 웹사이트, 카페(cafe) 등 온라인 사이트를 구축하여 홍보와 광고를 적극적으로 진행하는 것이 필요한데, 목표시장(target market)을 정확하게 조사한 후에 홍보와 광고를 진행해야 한다. 또한 주요 고객은 맞벌이 부부나 노약자 등이 될 수 있으며, 신속한 서비스를 위해 대단위 아파트단지 주변에 사무실을 두는 것이 바람직하다(강원일보, 2005.1.25).

② 오프라인에서의 제휴를 진행하는 것이 좋은데, 예를 들어 침대 및 화장실 등의 청소대행 및 리폼업은 이사대행 업체 혹은 인테리어 업체와 제휴를 하여 진행하는 것이 좋다.

③ 파견되는 인력에 대한 정보를 정확하게 관리하는 것이 필요하며, 고객이 안심할 수 있도록 사전에 철저하게 교육시키는 것이 중요하다.

④ 향후 65세 이상의 고령자 및 1인 가구가 급속하게 증가될 것으로 예상되는데, 이러한 추세에 맞추어 맞춤형 서비스를 개발하는 것도 필요하다.

창업 아이템 28

SNS를 활용한 소셜커머스 창업

(1) 창업아이템의 개요

소셜커머스(social commerce)는 소셜 미디어와 온라인 미디어를 활용하는 전자상거래의 일종이다. 소셜커머스라는 용어는 야후에 의해 2005년에 처음 소개되었으며, 소셜커머스는 크게 소셜 링크형, 소셜 웹형, 공동구매형, 오프라인 연동형의 네 가지로 분류할 수 있다. 2008년에 그루폰(www.groupon.com)이 설립된 이후 전 세계적인 공동구매형 소셜커머스 붐이 일어났다(위키백과, ko.wikipedia.org).

현재 소셜커머스는 일종의 공동구매 형태의 인터넷쇼핑몰로 운영되는 것이 대부분인데, 입점 사업자의 경우에는 소셜네트워크서비스(SNS)를 통안 입소문 및 홍보가 된다는 장점이 있는 반면에 과도한 할인으로 인해 손실을 자처할 수 있는 단점이 있다는 것을 생각해야 한다(매일신문, 2011.4.16).

(2) 창업성공사례 및 관련 사이트

소셜커머스의 주요 사례를 보면 다음과 같다. 우선 이러한 사이트에 접속하여 소셜커머스가 실제로 어떻게 진행되는가를 살펴보는 것이 필요하다.

① 티켓몬스터(www.ticketmonster.co.kr)
② 위메이크프라이스(www.wemakeprice.com)
③ 쿠팡(www.coupang.com)
④ 그루폰 코리아(www.groupon.kr)
⑤ 다음 소셜 쇼핑(social.shopping.daum.net)

한편, 엔포(nfor.net), 원데이넷(www.onedaynet.co.kr), 해피CGI(www.cgimall.co.kr), 넷퓨(netfu.co.kr), 애니위즈(anywiz.co.kr), 랭크업(www.rankup.co.kr) 등에서는 소셜커머스 솔루션을 개발해 주고 있다.

(3) 핵심 성공요소 및 준비사항

① 트위터(twitter), 페이스북(facebook), 구글플러스(Google+) 등의 소셜네트워크서비스(SNS)를 활용하여 입소문을 내거나 홍보를 해야 하는데, 그렇기 하기 위해서는 다양한 형태의 소셜네트워크서비스에 가입하여 활동하는 것이 필요하다. 또한 소셜커머스 사이트에 대한 홍보 및 키워드 광고도 체계적으로 진행해야 하는데, 인터넷쇼핑몰 사이트에 대한 키워드 광고방법을 벤치마킹하면 된다.

② 소셜커머스 사이트를 인터넷쇼핑몰 형태로 개발할 것인가 아니면 경매방식을 도입하여 개발할 것인가를 고려해야 한다. 다양한 사람들이 참여하는 소셜커머스에서는 단순히 상품을 확인하고 구매만 하는 것보다는 경매를 통한 재미있는 쇼핑이 되도록

하는 것도 필요할 것이다.

③ 위에서 언급한 주요 사례를 참고로 하되, 소셜커머스를 특정 분야 혹은 특정 고객으로 한정하여 특화시키고 차별화시키는 것도 고려할 수 있다. 예를 들어, 모든 네티즌들을 대상으로 소셜커머스를 하기보다는 연령, 직업, 소득 등의 기준에 의해 특정 고객만을 대상으로 하는 소셜커머스 창업을 할 수 있다는 것이다.

창업 아이템 29

피부관리사 창업

(1) 창업아이템의 개요

피부관리사는 얼굴 및 전신의 피부를 아름답게 유지·보호·개선 관리하기 위하여 각 부위와 유형에 적절한 관리법과 기기 및 제품을 사용하여 피부미용을 수행하는 사람을 말하며(자격의 모든 것, q-net.or.kr), 국가자격증으로 피부미용사(Esthetician)가 있다. 피부관리사는 사무실을 갖고 창업할 수도 있고, 고객의 집을 방문하여 서비스를 제공하는 무점포 창업으로도 할 수 있다.

(2) 창업성공사례 및 관련 사이트

피부관리사 자격증을 취득한 임은빈 뉴고운콜라겐 대표는 피부관리샵을 오픈하였으며, 콜라겐 화장품도 동시에 판매하고 있다. 이를 위하여 임은빈 대표는 여드름 다잡아(cafe.daum.net/uskin)를 개설하여 홍보하고 있다. 한편, 피부관리사 자격증은 부천피부미용학원(www.bsba.co.kr), 에듀킨미용학원(edukin.co.kr), 서울호서HRD(hrdhoseo.com) 등의 학원을 통해 국비지원을 받아 교육을 받은 후 국가자격증을 취득할 수 있다.

(3) 핵심 성공요소 및 준비사항

① 피부관리를 함에 있어서 여드름치료제, 피부미용 화장품을 함께 판매하는 것이 좋다. 또한 피부미용 화장품을 구매하는 고객들에게는 저렴한 비용으로 피부관리 서비스를 제공하는 것도 필요하다.

② 다음(Daum)와 네이버(Naver)에 카페(cafe)를 개설하여 피부미용 관련 다양한 정보를 제공하여 회원들의 수를 증가시키는 노력이 필요하다.

③ 피부관리 방법에 대한 동영상(UCC)을 제작하여 다음(Daum), 네이버(Naver), 유튜브(www.youtube.com), 트위터, 페이스북 등에 등록하는 것이 필요한데, 동영상(UCC) 내에 창업자의 웹사이트 주소 및 연락처를 반드시 포함시키도록 해야 한다.

④ 피부관리와 더불어 비듬, 가려움증 등의 두피문제와 탈모관리도 함께 하는 것이 좋다.

창업 아이템 30

이동형(게릴라형) 창업

(1) 창업아이템의 개요

이동형 창업은 자투리 공간을 활용하거나 고객들이 많은 곳을 찾아가서 이동식 가설매장을 설치한 후에 창업하는 것을 말하는데, 주로 이동식 차량이나 가설 매장을 이용한다. 이러한 이동형 창업은 대단위 아파트 단지, 할인점 등 대형유통센터 및 놀이공원, 대단위 위락단지를 중심으로 성행하고 있다.

이동형 창업은 먼저 큰 자본이나 넓은 장소가 없어도 가능하다는 장점이 있다. 즉, 주로 자투리 공간에 창업이 가능하며, 틈새시장을 공략할 수 있다는 것이다. 또한 이동형 창업은 고정 시설물이나 정규매장이 필요하지 않기 때문에 소규모 투자로도 시작할 수 있다. 임시매장인 만큼 이동이 자유로워 계절별, 요일별 또는 시간대별로 고객이 많은 곳을 찾아다니면서 탄력적인 영업전략을 펼 수도 있다.

한편, 이동형 창업은 다음과 같이 3가지의 종류로 생각해 볼 수 있다.

① **숍인숍형 길거리창업**: 다른 점포 밖에 가설 매장을 설치하여 창업하는 것을 말하는데, 수익금의 일정 비율을 점포주에게 주는

것도 생각할 수 있다. 이 경우에는 점포 내로 고객들이 유입될 수 있도록 도와줄 수 있는 상품을 판매한다면 더욱 좋을 것이다.

② **고정형 길거리창업**: 독립된 장소에서 이동하지 않고 창업하는 형태를 말한다.

③ **이동형 길거리창업**: 차량을 이용하거나 이동하면서 창업하는 형태를 말한다.

(2) 창업성공사례 및 관련 사이트

황금어장(www.goldbread.kr)에서는 황금잉어빵, 황금돈짱, 황금고구마빵, 부산미도어묵 등을 노점창업, 연계창업, 마트창업 등의 형태로 창업할 수 있도록 지원하고 있다. 호떡닷컴(www.hotteok.com)에서는 호떡믹스류, 붕어믹스류, 와플믹스류, 핫도그믹스류, 호두과자믹스류, 앙금·잼류, 조리기계류, 기타 제품류를 활용하여 노점형, 점포형, 실외코너형, 차량개조형, 대형할인점 및 백화점 실내코너형 창업을 지원하고 있다. 또한 쏘자핫도그(www.ssoja.net)에서는 수제핫도그를 판매하는 창업을 지원하고 있다.

(3) 핵심 성공요소 및 준비사항

① 이동형 창업은 먼저 유동인구가 많은지를 살펴야 하는데, 입지 선정이 성공의 가장 중요한 포인트라고 할 수 있다. 따라서 창업을 생각하고 있는 지역에 아침, 점심, 그리고 저녁으로 나누어서 고객들이 얼마나 통행하고 있는가를 조사하는 것이 필요하다.

② 이동형 업종들은 기존 매장으로 채워질 수 없는 틈새 아이템을 공략하는 것이 좋다.

③ 판매한 제품에 대한 A/S를 어떻게 할 것인가에 대해 생각해야 하는데, 상품을 구매한 고객에게 연락처를 제공하는 것도 하나의 방법이 될 수 있다.

④ 특정 요일 혹은 시간에 항상 같은 장소에서 영업을 하는 것도 고객의 신뢰를 얻는 데 도움이 된다.

창업 아이템 31

화물 및 이사물 운송 중개서비스 창업

(1) 창업아이템의 개요

화물 및 이사물 운송 중개서비스는 인터넷 공간에서 고객들과 운송회사들이 직거래를 할 수 있도록 해 주고 수수료를 받는 C-to-C 방식의 창업아이템이다. 즉, 무거운 짐을 옮겨야 하는 고객들과 차량을 갖고 있는 운송회사 혹은 차주들을 인터넷 환경에서 연결시키고 수수료를 받는 창업이며, 무점포 재택창업이 가능하다.

(2) 창업성공사례 및 관련 사이트

화물장터(www.hwamullmall.co.kr, 대표 송영준)는 고객과 운송회사간의 직거래를 통하여 수익을 발생하는 웹사이트인데, 운송회사는 공차방지 및 계획배차가 가능하여 생산성을 향상시키고 화주(고객)는 물류비용을 절감할 수 있는 장점이 있다. 또한 화물장터는 단순히 홈페이지의 형태가 아니라 옥션, G마켓 등과 같은 경매시스템의 개념을 활용하여 개발하였다는 특징이 있다.

(3) 핵심 성공요소 및 준비사항

① C-to-C 방식의 창업아이템은 다양하게 개발될 수 있는데, 이미 포털 혹은 대형 사이트에서 하고 있는 분야 외 틈새시장(niche market)을 조사하여 창업을 하는 것이 좋다. 예를 들어, 화물 및 이사물 중개 외에도 외국인 관광객들을 위한 숙박 및 관광서비스에도 활용될 수 있다.

② 회사, 학생, 개인, 소점포 창업자 등 다양한 고객들을 사이트에 가입시키는 것이 중요한데, 이를 위해서는 옥션과 G마켓 등과 같은 오픈마켓에서의 쇼핑에서 맛볼 수 있는 재미가 있는 전자상거래가 되도록 하는 것이 필요하다.

③ 카페(cafe)와 블로그(blog) 그리고 트위터, 페이스북 등과 같은 소셜네트워크서비스(SNS)를 활용한 홍보를 적극 진행하면서 소셜커머스로 발전시킬 수 있다.

④ 기존에 오프라인에서 진행되고 있는 창업아이템들도 컴퓨터와 인터넷기술을 활용하면 온라인 창업아이템으로 확장시킬 수 있으며, 이를 통해 차별화 및 전문화가 가능하다.

창업 아이템 32

개인 창업자를 위한 웹사이트 및 커뮤니티 제작

(1) 창업아이템의 개요

기존의 홈페이지보다는 카페(cafe), 블로그(blog) 등을 포함하여 개인 창업자들이 활용할 수 있는 다양한 웹사이트를 제작해 주는 사업이며, 홍보를 위한 동영상(UCC) 제작 및 등록도 함께 대행해 줄 수 있다. 또한 개인 창업자들이 웹사이트들을 활용하여 어떻게 고객들이 많이 접속할 수 있도록 할 수 있는가를 비롯하여 수익을 창출할 수 있는 방법에 관한 전문적인 컨설팅도 해 줄 수 있어야 한다.

(2) 창업성공사례 및 관련 사이트

나이키모아(www.nikemoa.com), 쇼핑몰길라잡이(cafe.naver.com/kkhbcokr) 등을 운영하고 있는 대표자는 소규모 점포 혹은 1인 창업자들을 위해 인터넷쇼핑몰, 카페(cafe), 블로그(blog) 등을 개발해 주는 투잡스(two jobs)를 하면서 추가 수익을 올리고 있다. 홈피맨(ihomepiman.com)에서도 웹호스팅 비용만 지불하면 무료로 홈페이지를 운영할 수 있도록 지원하고 있다.

(3) 핵심 성공요소 및 준비사항

① 인터넷쇼핑몰 개발에 대한 경험이 있어야 하며, 이와 동시에 다음(Daum)와 네이버(Naver)에서의 카페(cafe)를 운영한 경험이 필요하다. 특히 카페(cafe)를 개설하여 수익창출을 하고 있거나 수익창출 방법에 대한 다양한 아이디어가 있어야 한다.

② 웹사이트에 보다 많은 네티즌들이 방문할 수 있도록 하는 키워드 광고를 효과적으로 진행하는 실무지식을 알고 있어야 한다.

③ 포토샵, HTML을 효과적으로 활용할 수 있는 실무지식이 있어야 한다. 웹사이트를 제작함에 있어 포토샵과 HTML의 활용은 필수적이며, 창업자가 운영하고자 하는 다양한 웹사이트들을 연계시켜 운영할 수 있는 실무지식을 갖추고 있어야 한다. 즉, 웹사이트를 통하여 창업자가 홍보하고 싶은 상품과 서비스 등이 효과적으로 홍보가 되도록 하는 경험과 노하우를 갖추고 있어야 한다는 것이다.

④ 전통적인 홈페이지 혹은 웹사이트만을 생각하지 말고, 카페(cafe), 블로그(blog), 트위터, 페이스북, 구글플러스 등도 회사의 홈페이지로 충분히 활용될 수 있다는 관점에서 바라보는 것이 중요하다. 또한 회사의 홈페이지는 굳이 하나일 필요가 없으며, 카페(cafe), 블로그(blog), 트위터, 페이스북, 구글플러스 등을 HTML로 연계시켜서 홍보 효과가 크게 증가되도록 운영하는 것이 더욱 필요할 것이다.

창업 아이템 33

온라인 여행사 창업

(1) 창업아이템의 개요

1인 창업자도 세계 최대 온라인 여행사인 엑스피디아(www.expedia.com), 국내 온라인 여행사 1위인 인터파크투어(www.interparktour.com) 등과 같은 온라인 여행사를 무점포 재택의 형태로 창업할 수 있다(한국경제, 2011.2.24; ZDNet Korea, 2011.1.2). 이를 위해서는 컴퓨터와 인터넷에 대한 실무지식이 필요하며, 판매하고자 하는 여행상품에 대해 상세하게 알고 설명할 수 있어야 한다. 또한 국내 및 해외의 다양한 여행상품을 개발하고 마케팅할 수 있는 실무지식을 갖추고 있어야 할 것이다.

(2) 창업성공사례 및 관련 사이트

리조트타운(resorttown.co.kr)에서는 138만원을 납부하면 독립도메인을 사용한 여행 홈페이지를 개설해 주며, 온라인 및 오프라인에서 여행업 창업이 가능하도록 지원해 준다. 또한 한국관광인력개발원(www.kthdc.com)에서는 여행사 창업자과정(4주, 8주), 여행상품 기획자 과정, 여행작가 과정 등을 개설하여 여행사 창업을 지원하고 있다.

(3) 핵심 성공요소 및 준비사항

무점포 혹은 1인 기업으로 온라인 여행사를 창업할 때의 성공전략은 다음과 같다(스포츠칸, 2008.3.9).

① 한때 무박여행이 큰 인기를 얻었던 것처럼 여행에도 트렌드가 있다. 최근 트렌드에 맞는 상품을 발 빠르게 내놓아야 한다.

② 국내 온라인 여행 시장은 대형 여행사가 기획한 상품을 중소 여행사가 공급받아 파는 구조다. 그러다보니 가격 차이만 조금 있을 뿐 그 상품이 그 상품인 경우가 많다. 따라서 직접 현지를 답사하여 차별화된 자기만의 상품을 개발하면 경쟁력을 높일 수 있다.

③ 여행 상품을 고르는 소비자가 가장 궁금해 하는 것은 여행지가 어떤 곳인가 하는 것이다. 따라서 사이트 곳곳을 뒤져가며 수많은 정보를 수집한 후에 여행 상품에 대한 정보를 세세한 부분까지 제공하는 것이 필요하다.

④ 여행 상품은 무형의 제품인 만큼 여행을 다녀온 사람의 후기가 상품의 지속적인 판매에 많은 영향을 준다. 후기가 나쁠 경우 소비자의 신뢰도가 떨어지기 때문이다. 따라서 사후 고객관리도 중요하다.

⑤ 위에서 언급한 관련 사이트에서 제공받은 여행사 사이트에 창업자가 여행상품을 추가하거나 여행 카페(cafe)를 개설하여 홍보하는 것도 필요하다. 아울러, 맛있는 음식점에 대한 정보도 추가적으로 제공하여 관광정보가 차별적으로 제공될 수 있도록 하는

것이 필요하다.

⑥ 향후 고령자 및 1인 가구(싱글족)가 크게 증가할 것으로 예상되기 때문에 이들을 대상으로 하는 특화된 여행상품을 개발하는 것도 차별화에 도움이 될 것이다.

창업 아이템 34

컴퓨터 관련 서비스 창업

(1) 창업아이템의 개요

가정, 사무실 등에 설치된 컴퓨터 및 주변기기에 대한 수리, 업그레이드, 소모품 판매, 잉크 리필, PC조립 등 컴퓨터 관련 서비스업을 말한다. 또한 주부, 고령자 혹은 장애인 등에 대한 컴퓨터 관련 교육을 통해서 추가 수익도 가능할 것이며, 소규모 사무실에서 필요한 소프트웨어의 개발 및 판매도 가능하다. 한편, 컴퓨터 관련 서비스업은 컴퓨터를 활용하여 수행하는 업무를 조금 더 쉽고 편리하게 수행할 수 있도록 도와주는 창업이라고 생각할 수 있으며, 이를 위해 제공되어야 하는 서비스는 점차 확대되고 다양화될 것이다.

(2) 창업성공사례 및 관련 사이트

컴닥터서비스(www.comdoctor911.co.kr)에서는 컴퓨터의 하드웨어 및 소프트웨어에 대한 종합적인 서비스를 제공해 주고 있으며, 잉크가이(www.inkguy.co.kr)에서는 잉크와 토너를 방문하여 충전해 주는 창업인데, 무점포방문형, 소점포형, 숍인숍/겸업형 등의 형태로 창업을 할 수 있도록 지원하고 있다.

(3) 핵심 성공요소 및 준비사항

① 잉크 혹은 토너를 충전해 주는 창업의 경우에는 고객들의 컴퓨터 내에 있는 바이러스를 치료해 주거나 무료 소프트웨어의 설치 등의 부가적인 서비스를 제공해 주는 것이 필요하다. 예를 들어, 스카이프(skypem, skype.daesung.com)를 설치하면 전 세계 회원들과 무료 영상통화가 가능한데(아크로팬, 2011.7.14), 고객들에게 스카이프의 사용에 필요한 소프트웨어의 설치 및 사용방법에 대한 부가 서비스를 제공할 수 있다.

② 고객의 사무실 혹은 자택을 직접 방문하지 않더라도 원격으로 서비스를 제공할 수 있는 시스템을 갖춘다면 조금 더 빠르게 조금 더 좋은 서비스를 제공할 수 있다.

③ 컴퓨터와 인터넷분야의 실무교육을 지원하기 위해서는 인력들이 필요한데, 카페(cafe)를 개설하여 대학생 및 주부들을 강사로 모집하는 것이 필요하다.

창업 아이템 35

웰빙창업

(1) 창업아이템의 개요

2004년부터 산소발생기, 웰빙건강식품 판매, 향기관리업, 차량오존 살균탈취업, 광촉매 코팅업, 웰빙음식 등 웰빙(well-being) 관련 창업이 꾸준히 증가하고 있다. 또한 육체적인 건강과 더불어 정신적 건강을 추구하는 사람들이 날로 늘어나고 있다는 점에서 건강에 관심이 많은 소비자들을 타겟으로 꾸준하게 영업을 하는 것이 필요할 것이며, 창업시장에서 웰빙과 건강을 담고 있는 아이템들의 성장세가 예상되고 있다(세계일보, 2013.11.21).

(2) 창업성공사례 및 관련 사이트

웰빙창업의 대표적인 사례를 소개하면 다음과 같다. 먼저, 에코미스트코리아(www.ecomist.co.kr)에서는 점포나 사무실·관공서·병원·학원 등을 방문하여 사용목적과 장소에 적합한 천연향기를 선별해 판매하고 자동향기분사기를 관리해주는 창업을 지원하고 있다. 또한 웰코트코리아(wellcoatkorea.com)에서는 실내공기질과 포름알데히드(formaldehyde) 등의 농도를 측정하여 오염된 실내환경을 광촉매 코팅으로 처리하여 오염물질을 제거하고 쾌적한 실내환경을 만들어주는 창업을 지원하고 있다. 웰빙샵(www.wellbeingshop.co.nz), 웰빙마루(www.o-bestlife.kr), 웰빙라이프(wellbeing-life.kr) 등에서는 웰빙관련 제품들을 판매하고 있다.

(3) 핵심 성공요소 및 준비사항

① 고객의 주거환경에 대한 심층 조사 및 분석을 통하여 적합한 제품과 서비스를 제공하는 것이 필요하다. 예를 들어, 천연향기 제품도 대상 고객에 따라 달라져야 한다는 것이다.

② 웰빙 창업은 가격보다는 신뢰성 있는 제품을 공급하는 동시에 고객에 대한 감동적인 서비스로 승부를 걸어야 한다. 예를 들어, 현재 국내 대부분의 웰빙 제품들은 식품에 치우쳐 있는 실정이며, 해외의 디톡스(detox) 관련 사업을 보면 건강보조식품에 의존하기보다는 여행 프로그램을 통해 단기간에 집중적으로 서비스를 실시하고 있다(디지털타임즈, 2011.3.6).

③ 다양한 웰빙 관련 제품들을 복합적으로 홍보하는 것도 필요한데, 이를 위해서는 제품별 특성과 효과에 대한 구체적인 자료를 제공하는 것이 중요하다. 즉, 고객이 신뢰할 수 있도록 하는 것이 중요하다는 것이다.

④ 다양한 웰빙 관련 제품들에 대한 종합적인 정보를 제공하거나 제품을 판매하는 전자상거래 사이트를 개설하거나 점포창업을 하는 것도 고려할 수 있다. 고객들을 성별, 나이별, 소득별로 세분하여 웰빙 관련 제품들을 온라인 혹은 오프라인에서 판매할 수 있을 것이다.

창업 아이템 36

출장요리사

(1) 창업아이템의 개요

명절 및 제사음식, 고사음식, 돌잔치, 회갑 등 고객의 요구에 맞추어 고객이 원하는 장소에서 요리를 해 주는 출장요리사 및 외식업 예비창업자를 위해 메뉴개발 및 요리전수를 해 주는 요리전문가에 대한 수요가 높아질 것으로 예상된다. 요리대행 서비스를 하기 위해서는 외식분야의 전문자격증의 취득은 물론 외식분야에서의 오랜 경험과 높은 인지도가 요구된다.

(2) 창업성공사례 및 관련 사이트

출장요리 분야의 주요 창업사례를 보면 이향숙의 출장요리(www.cookservice.com), 이영희 출장요리(www.yhcook.com), 양승남의 출장요리(www.cookery.kr) 등이 있다. 이러한 출장요리사는 다양한 요리를 할 수 있어야 하기 때문에 일반적인 요리교육과는 달리 출장요리사에 대한 교육을 수강하는 것이 필요하다.

예를 들어, 한국여성소비자연합(02-752-4227)에서는 1개월(주 5회)에 수강료가 50만원(재료비 포함)이다. 1년에 1회(6월경)만 모집하고,

조리사자격증이 있어야 수강할 수 있다. 일반학원은 수시 모집하고 특별한 자격이 필요 없지만 수강료가 조금 비싸다. 3개월(주 2회)에 90만원(재료비 포함)선이다. 수강료가 비교적 싼 여성인력개발센터에서 조리사자격증 과정을 들은 뒤 출장요리사 보조를 하며 현장경험을 익히는 방법이 경제적이다(국민일보, 2009.5.21).

(3) 핵심 성공요소 및 준비사항

① 요리를 아무리 잘해도 요리 관련 자격증을 하나 정도 갖추는 것이 필요하다. 아무래도 자격증이 있으면, 상대방에게 더욱 신뢰를 줄 수 있을 것이다.

② 눈으로도 먹는 것이 중요하듯이, 음식을 예쁘게 장식도 할 수 있어야 한다. 맛도 있고, 예쁘게도 장식할 수 있으면 그만큼 전문가로서의 대접을 받을 수 있을 것이다.

③ 각 지역의 사람마다 입맛이 다르다는 것을 유념해야 한다. 고객이 경상도, 전라도 혹은 충청도 출신인지를 파악하고, 음식의 간을 맞추는 데 신경을 써야 한다.

④ 각종 요리 경연대회에 참가하여 다양한 경력을 만드는 것도 좋다. 상을 받지 못하더라도 경연대회에 참여했다는 것만으로 경력이 될 수도 있다.

⑤ 배고프면 짜증난다. 고객과의 정해진 시간을 반드시 지켜야 한다. 소위 말하는 코리안 타임이 되지 않도록 식사시간을 엄수해야 한다.

⑥ 맛있어도 양이 너무 적으면 곤란하다. 어른의 수와 어린이들의 수를 세어서 음식의 양을 적당하게 조절해야 한다.

⑦ 컴퓨터와 인터넷을 이용하여 홍보 및 고객관리를 한다. 요즈음 인터넷 홈페이지는 관리가 아주 편리하도록 개발하는 기술들이 발달되어 있으며, 컴맹·넷맹이라도 1~2일만 배우면 충분히 관리할 수 있다.

⑧ 다양한 요리를 개발한 후에 특허청(www.kipo.go.kr)에 지적재산권으로 등록을 하는 것이 좋은데, 프랜차이즈 본사 혹은 개인 창업자에게 판매할 수 있다. 또한, 요리에 적합한 상표 등록을 하면 더 비싼 가격에 판매할 수 있을 것이다.

창업 아이템 37

이미지를 활용한 상품제작 창업

(1) 창업아이템의 개요

이미지(image) 창업은 휴대폰 카메라 혹은 디지털 카메라로 촬영한 사진을 그래픽 소프트웨어를 이용하여 교정한 후 컵, 티셔츠, 시계 등에 인쇄하여 판매할 수 있는 창업아이템이다. 각종 이미지 창업은 추억이 될 수 있는 것들을 오래 보관할 수 있도록 도와줄 수 있으며, 집안을 장식하는 소품으로도 활용될 수 있다.

(2) 창업성공사례 및 관련 사이트

주요 창업의 사례를 보면, 디지털이미지(www.digitalimg.com) 및 이미지캔(www.imagecan.co.kr)에서는 누구나 간직하고 있거나 간직하고 싶은 어떠한 형상이나 이미지를 개발하고 제작해 준다. 또한 트윈스몰(www.twinsmall.co.kr)에서는 신체상의 아름답고, 간직하고 싶은 부위를 입체적인 기념품이나 악세사리로 제작하며, 각각의 독특한 특징과 이미지를 만들어 캐릭터화하여 인형이나 각종기념품으로 제작해 준다.

(3) 핵심 성공요소 및 준비사항

① 독립형 창업보다는 숍인숍(shop in shop)으로 창업하거나 인터넷 창업을 하는 것을 고려하는 것이 필요하다.

② 연인, 친구 혹은 가족끼리 다양한 이미지를 제작하여 선물로 줄 수 있도록 정기적으로 이벤트를 개최하는 것이 필요하다. 또한 생일, 기념일 등에 맞추어 1:1 마케팅을 진행하는 것도 필요하다.

③ 명함, 판촉물 등을 취급하는 창업자들과의 제휴를 통해 판로를 확대하는 것이 필요하다. 혹은 선물용품 전문매장과 제휴하는 것도 생각할 수 있다.

창업 아이템 38

홈스쿨 창업

(1) 창업아이템의 개요

논술지도, 미술지도, 영어동화, 교구놀이, 감성놀이 사업 등 방문 혹은 재택 형태로 이루어지는 다양한 교육사업을 말한다. 이러한 교육사업은 여성들이 도전하기에 좋은 아이템이며 교사 자격증이 있다면 더욱 좋은데, 홈스쿨 창업은 온라인 및 오프라인에서 동시에 진행할 수 있을 것이다. 홈스쿨 창업은 재택 형태로 운영되다보니 자신의 아이들을 다른 아이들과 함께 가르칠 수 있는 것이 가장 큰 장점이다(한국경제TV, 2010.4.2).

(2) 창업성공사례 및 관련 사이트

홈스쿨 창업의 종류를 살펴보면, 미술교육을 전문으로 하는 예인아트(www.g-yein.co.kr)와 아트&하트(www.artandheart.co.k), 수학과 한자를 전문으로 하는 유피한자(www.upedu.co.k), 영어를 전문적으로 교육하는 저스톡(www.justalk.kr) 등이 있다. 홈스쿨 창업자들은 이러한 사례들을 벤치마킹하여 교재를 직접 개발할 수도 있을 것이다.

(3) 핵심 성공요소 및 준비사항

① 창업하고자 하는 분야에서 전문적인 지식과 더불어 객관적으로 신뢰할 수 있는 자격증 혹은 인증서를 갖고 있는 것이 좋다.

② 고객들이 많이 사용하는 포털에서 카페(cafe) 혹은 블로그(blog)를 개설하여 홍보하거나 트위터 혹은 페이스북, 싸이월드 미니홈피 등을 활용하여 홍보하는 것이 좋다. 특히 고객이 어린이들이라는 것을 고려하여 어린이들이 좋아하는 다양한 컨텐츠를 제공하는 사이트를 개설하여 운영하는 것이 필요하다.

③ 홈스쿨은 어린이들이 흥미를 갖고 즐겁게 참여하도록 하는 것이 필요하며, 부모님들과의 꾸준한 대화를 통해 어린이들의 특성들을 파악하는 것이 중요하다.

④ 홈스쿨에 참여하는 어린이들의 수업참여 현황 및 학습 성과를 부모님들에게 제공하는 것을 고려하는 것이 좋다.

창업 아이템 39

전문자격 창업(경영컨설턴트)

(1) 창업아이템의 개요

본인이 가진 전문적인 지식을 살릴 수 있는 분야가 바로 경영컨설턴트라고 할 수 있다. 경영컨설턴트로 활동하려면 경영지도사 자격증을 취득해야 하는데, 자격증을 취득하면 중소기업청에서 실시하는 다양한 중소기업 경영컨설팅 지원사업에 참여할 수 있다. 또한 소상공인진흥원(www.seda.or.kr)에서 주관하는 자영업컨설팅지원사업의 컨설턴트 교육을 수료하면 소상공인들을 대상으로 하는 컨설턴트로 활동할 수 있다.

(2) 창업성공사례 및 관련 사이트

경영지도사는 '중소기업진흥 및 제품구매촉진에 관한 법률'에 규정된 자격제도이며, 경영지도사 자격시험은 1년에 한번 (사)한국경영기술컨설턴트협회(www.kmtca.or.kr)에서 주관한다. 경영지도사는 1차 시험(중소기업관련법령, 회계학개론, 경영학, 기업진단론, 조사방법론, 영어)과 4개 분야(인적자원관리분야, 재무관리분야, 생산관리분야, 마케팅분야)에 대한 2차 시험을 통해 선발된다. 또한 소상공인진흥원에서 주관하는 자영업컨설팅지원사업의 컨설턴트로 활동하기 위해서는 소상공인 진흥원(www.seda.or.kr)의 [공지사항]에 공지된 모집요강을 참고로 신청을 하고 소정의 교육을 받으면 된다. 한편, KMAC(www.kmac.co.kr)에서는 경영컨설턴트 자격인증 과정을 개설하고 있으며, 한국경영인재연수원(www.kmhi.or.kr)에서는 경영지도사 온라인 양성과정을 운영하고 있다.

(3) 핵심 성공요소 및 준비사항

경영컨설턴트로 창업을 하기 위해서는 다음과 같은 점을 고려해야 한다.

① 자기의 경력을 정리하고, 결산해 보는 것이 필요하다. 이를 통하여 컨설턴트로서의 자질과 경력을 갖추고 있는가를 판단해야 하며, 컨설팅에 필요한 이론과 실무지식을 갖추도록 준비해야 한다.

② 자기가 해 온 일에 대한 자료를 모으고 체계적으로 정리해야 하는데, 이를 통하여 효과적인 컨설팅이 가능하다는 것이다. 또한 컨설턴트는 자신만의 독창적인 지식을 토대로 차별적인 컨설팅을 할 수 있도록 충분히 준비하는 것이 필요하다.

③ 저술이나 강연 능력을 갖추어야 하는데, 이를 통하여 컨설턴트로서의 인지도를 높일 수 있다는 것이다. 이를 위해서는 웹사이트의 운영뿐만 아니라 단체의 설립 및 운영에도 참여하는 것이 필요하다.

④ 언론활동을 통해 인지를 높여야 한다. 이를 위해서는 교육 및 행사의 개최, 출판활동 등을 꾸준히 하는 것이 필요하다.

창업 아이템 40

여행가이드 창업

(1) 창업아이템의 개요

여행가이드로 창업을 하기 위해서는 외국어가 필수라고 할 수 있으며, 주 5일 근무제에 맞는 특별한 상품을 기획할 수 있는 실무지식도 필요하다. 또한 여행가이드를 하면서 동시에 여행사도 창업할 수 있으며, 해외 혹은 외국인을 대상으로 하는 여행가이드는 무역업 혹은 음식점도 겸업이 가능하다. 즉, 해외여행가이드로 일을 하면서 무역업도 함께 할 수 있다는 것이다.

한편, 향후 국내에서 1인 가구(one person household) 및 고령자들의 인구가 크게 증가하게 될 것으로 예상되며, 이에 따라 이들을 대상으로 하는 여행가이드 창업도 틈새시장으로 각광을 받을 것이다. 이에 따라 카페(cafe) 혹은 페이스북(facebook) 등과 같은 SNS의 운영을 통해 커뮤니티를 구축하는 것이 고객의 확보에 많은 도움이 될 것이다. 저자의 경우에도 현재 운영하고 있는 창업길라잡이 카페(cafe.daum.net/isoho2jobs)를 "한국의 맛따라 길따라"로 카페이름을 변경한 후에 1인 가구(one person household) 혹은 고령자들을 대상으로 하는 여행가이드 창업을 계획하고 있다.

(2) 창업성공사례 및 관련 사이트

국내여행안내원 자격증은 한국관광협회중앙회(www.koreatravel.or.kr)에서 취득하면 되며, 여행가이드에 대한 정보를 얻을 수 있는 곳은 다음과 같다.

① 한국여행작가협회(www.travelwriters.co.kr)
② 한국일반여행업협회(www.kata.or.kr)
③ 한국관광협회중앙회(www.koreatravel.or.kr)

(3) 핵심 성공요소 및 준비사항

① 맛따라 길따라 대구경북(cafe.daum.net/mattgil)과 같은 카페(cafe) 혹은 다양한 종류의 소셜네트워크서비스(SNS)를 개설하여 운영하면, 별도의 사무실이나 인력이 없어도 여행 분야의 1인 창업이 가능하다.

② 국내 및 해외 여행지에 대한 정보를 많이 알고 있어야 하며, 결국은 선택과 집중이 필요하다는 것도 생각해야 한다. 즉, 국내 대형 여행사와 경쟁을 하는 것보다는 틈새시장을 공략한다는 생각으로 차별화된 여행상품의 개발, 여행일정의 준비 등이 필요하다.

③ 향후 노인 인구의 증가로 인해 노인들에 의한 여행수요가 증가될 것이며, 이에 대한 준비를 해 두는 것이 필요하다. 아울러, 싱글가족의 증가도 고려할 필요가 있다. 지금까지 여행은 경제적 여유가 있는 사람들을 대상으로 홍보를 하고 모집을 하였으나,

향후에는 고령자 혹은 싱글가족이 주요 고객이 될 수 있는 여건이 마련되고 있는 실정이다.

④ 여행가이드는 내국인을 대상으로 국내 혹은 국외여행이 일반적이지만, 한국에 오는 외국인을 대상으로 하는 여행상품도 유망할 것으로 전망된다. 예를 들어, 2013년에 한국을 방문한 외국인 관광객은 모두 1,217만여명이며(이투데이, 2014.1.24), 서울을 방문한 관광객은 1,004만 5,000여명으로 파악되었다.

창업 아이템 41

자판기 창업

(1) 창업아이템의 개요

자판기는 매우 다양하게 생산되고 있으며, 이와 동시에 유행에 상당히 민감한 제품이라고 할 수 있다. 또한 유동인구가 많은 장소를 선택하여 설치해야 하는데, 문제는 자판기를 구입하고 설치하기 위한 자금이 생각보다는 많이 투자되어야 한다는 것이다. 이에 반하여 사람들의 통행이 빈번한 지역에 설치가 가능하다면, 자판기 창업은 여전히 매력적인 창업이라고 할 수 있다.

(2) 창업성공사례 및 관련 사이트

한국자동판매기운영협동조합(www.vending.or.kr)에서 다양한 자판기 제조 및 유통회사에 대한 정보를 획득할 수 있다. 명월(www.myungwall.co.kr)에서는 운세재떨이, 초코볼 자판기 등의 창업을 지원하고 있다. 한국유통자판기전문점(www.japangi1004.kr), 자판기마트(www.japangimart.com), 자판기 무인 편의점(www.muinshop.com), 강북자판기(www.gbjapangi.com) 등에서는 커피 자동판매기, 커피/캔 자동판매기, 캔 자동판매기, 미니 자동판매기, 슬러시/아이스크림, 일용품/라면, 기타 자동판매기 등 다양한 자판기를 판매하고 있다. 또한 코시나(www.kosina.co.kr)에서는 로또운세자판기 창업을 지원하고 있다.

(3) 핵심 성공요소 및 준비사항

① 요즈음은 자판기의 종류가 매우 많은데, 목 좋은 곳을 선점하는 경우에 상당한 수익을 기대할 수 있다. 자판기 사업의 경우에는 장소 외에도 해당 아이템의 사업성, 사업자의 관리능력, 자판기 제조회사의 공신력 등을 고려해야 한다.

② 창업자에게 맞는 아이템인지 혹은 뜨는 아이템인지에 대해 충분히 알아본 후 자판기창업 절차를 거쳐야 성공 투자를 이끌어낼 수 있다(희망뉴스, 2010.9.16).

③ 일본, 미국 등 외국에서 인기를 끌고 있는 자판기에 대한 시장조사를 하고, 국내 시장에서의 성공 가능성에 대해 조사를 하는 것이 필요하다. 예를 들어, 미국에서는 방부제와 설탕, 소금으로 버무려진 스낵과 음료 대신에 신선한 과일을 파는 '웰빙 자판기'가 급속하게 확산되고 있는 실정이다(서울신문, 2011.7.18).

창업 아이템 42

노점 카페

(1) 창업아이템의 개요

노점 카페는 차량을 이용한 이동식 카페를 말한다. 하지만, 노점 카페는 원래 불법이라서 노점상과 동일하게 단속의 대상이다. 단속반이 뜨면 다른 재간이 없는 것이 단점이다.

노점 카페 외에 노점을 하려면, 지역별로 결성된 전국노점상총연합회(02-2232-0685)에 가입을 하는 것이 좋다. 또한 일반 노점 창업에 필요한 장비는 서울의 왕십리 중앙시장과 영등포시장에 가면 구입할 수 있다. 마차 위에 천막과 조리대를 설치하고 식기들을 갖춘 포장마차의 제작비용은 70~100만원이다.

한편, 차량을 활용한 노점 카페의 경우에는 창업비용이 총 3~4,000만원의 비용이 필요한데, 차의 가격이 1,000만원, 화물칸을 개조한 박스형 탑 제작비가 400만원, 원두커피기계가 1,000만원, 인테리어 비용이 600만원, 발전기 시설이 150만원, 초도물량비가 150만원, 그리고 가맹비가 100만원이 소요된다.

(2) 창업성공사례 및 관련 사이트

길벗(www.gillbut.com), 두리원(www.doorione.net) 등에서는 노점 카페 창업자들을 위해 차량형 모델, 부스형 모델, 테이크아웃 모델, 매장형 모델 등 다양한 형태의 스낵카, 부스 등 노점 카페 창업에 필요한 설비를 제작해 주고 있다. 또한 고구마짱(ggmfc.co.kr), 하이원푸드(highonefood.co.kr) 등에서는 노점창업을 지원하고 있다.

(3) 핵심 성공요소 및 준비사항

노점 카페로 창업을 하기 위해 알아두어야 할 것은 다음과 같다.

① 조그마한 것에서부터 고객 감동을 실천해야 한다.
② 커피를 판매한다면 품질만은 호텔 커피 부럽지 않게 해야 한다.
③ 손님의 인상과 취향을 기억해야 한다.
④ 무료 쿠폰을 발행하는 것도 생각할 수 있다.
⑤ 늘 같은 시간에 같은 장소에서 손님을 기다려야 한다.
⑥ 좋은 재료를 싸게 사서 남겨라.
⑦ 영업 후에 주변을 깨끗하게 정리해야 한다. 그래야 주민들의 호응을 받을 수 있다.
⑧ 주변 노점상들과 빨리 친숙해지는 것이 좋다.

창업 아이템 43

1인 지식창업

(1) 창업아이템의 개요

먼저 1인지식기업의 정의를 보면, 통신업, 금융.보험업, 사업서비스업, 교육서비스업, 보건 · 복지사업, 오락 · 문화 · 운동관련 서비스업 등 지식서비스 분야 6개 업종에서 활동하는 프리랜서 또는 개인사업자, 주식 · 유한회사 형태의 1인기업을 말한다. 또한, 1인 지식창업 중에서 특히 관심을 가져볼 만한 아이템들은 아래와 같다.

① 지식콘텐츠(책칼럼니스트, 저술, 강연, 기고)
② 지식분야의 전문컨설팅
③ 1인출판사
④ 프리랜서(freelancer)
⑤ 미스터리쇼퍼(mystery shopper) 컨설팅

(2) 창업성공사례 및 관련 사이트

일반 고객으로 가장하여 매장을 방문하여 물건을 사면서 점원의 친절도, 외모, 판매기술, 사업장의 분위기 등을 평가하여 개선점을 제안하는 일을 하는 사람을 미스터리쇼퍼(mystery shopper)라고 부르는데(네이버 백과사전, 100.naver.com), 아이앤아이컨설팅(www.acemysteryshopper.co.kr)에서는 미스터리쇼퍼 컨설팅에 대한 전문적인 교육을 하고 있다. 또한 한국통합물류협회(www.koila.or.kr)에서는 물류전문컨설턴트 양성과정을 개설하고 있다. 정보통신부(지식경제부)에서는 IT전문컨설턴트 양성과정을 운영하고 있으며, 마이그루(www.myguru.co.kr)에서는 업종전문 컨설턴트(industry consultant) 양성과정을 운영하고 있다. 이러한 과정들을 성공적으로 이수함으로써 지식분야의 전문컨설팅 혹은 1인 지식창업을 할 수 있는 능력을 갖출 수 있다.

(3) 핵심 성공요소 및 준비사항

① 1인 지식창업자들은 우선 특정 분야에서 오랜 기간 동안 종사하면서 전문적인 이론과 실무지식을 갖추어야 한다. 이를 위하여 최소 석사학위 이상의 학위를 취득하는 것도 필요하며, 전문적인 자격을 취득하는 것도 좋을 것이다.

② 창업자의 인지도를 높이도록 노력해야 하는데, 신문, TV, 라디오 등의 언론활동도 열심히 하면서 창업자의 사이트를 개설하여 고객들과 항상 교류해야 한다.

③ 카페(cafe), 블로그(blog), 트위터 및 페이스북 등을 활용하여 다양한 인적 네트워크를 구축하고 확장하도록 노력해야 한다. 이러한 사이트들의 운영을 통하여 고객들도 확보할 수 있다.

창업 아이템 44

콘텐츠 제작 및 판매 창업

(1) 창업아이템의 개요

창업자의 전문적인 지식을 활용하여 텍스트(text), 이미지(image), 멀티미디어(multimedia) 형태의 콘텐츠(contents)를 제작하여 판매하는 창업분야를 말한다. 예를 들면, 요즈음 사회복지사 자격증은 학점은행제 원격평생교육원을 인가받은 교육기관을 통해서도 취득할 수 있는데, 이러한 교육기관에서는 사회복지사 자격증 취득에 필요한 교과목들을 동영상 콘텐츠로 제작하여 판매하고 있다.

한편, 국내 콘텐츠산업은 세부 장르별로 성장과 위축 편차를 보이나 매출과 수출은 꾸준히 증가할 것으로 예측되고 있다. 특히, 음악, 게임, 지식정보 산업의 매출과 수출 성장세가 두드러질 것으로 예상되고 있다(데일리그리드, 2014.2.5). 또한 2014년 국내 콘텐츠산업은 세계경기 회복, 유럽의 재정위기 리스크 감소 등에 따른 세계경기의 제한적인 회복, 내수와 수출 개선 등 국내경기 상승세, 콘텐츠 소비 패러다임 변화에 따른 신규수요 창출 등에 힘입어 매출액이 2013년 대비 약 7.0% 증가한 97조 9,000억 원, 수출액도 전년대비 약 12.8% 증가한 57억 5,000만 달러에 이를 것으로 전망되고 있다(인벤, 2014.2.5).

(2) 창업성공사례 및 관련 사이트

한국산업인력공단(www.q-net.or.kr)에서는 멀티미디어 콘텐츠를 제작하는 일로서 기본적인 프로그래밍과 디자인 작업을 하는 국가자격증으로서 멀티미디어 콘텐츠제작 전문가(Specialist-Multimedia Contents Producing) 자격증을 취득할 수 있다. (주)이야기가 운영하고 있는 학점은행제 원격 평생교육원(www.dreammoa.co.kr)에서는 사회복지사 자격증 취득에 필요한 다양한 콘텐츠를 개발하여 많은 수익을 창출하고 있다. 또한 큐브엔씨(www.cubenc.com), 아이베리(www.ivary.com), 이콘스(e-cons.co.kr), 럭스애드(luxad.co.kr) 등에서는 멀티미디어 콘텐츠의 제작을 지원하고 있다.

(3) 핵심 성공요소 및 준비사항

① 콘텐츠의 제작에 따른 비용과 수익을 조사하여 타당성이 있는가에 대해 분석해야 한다. 즉, 콘텐츠의 판매로 인한 수익이 제작비용을 초과할 수 있는가를 분석해야 한다.

② 콘텐츠가 매출에 직접적으로 연결되지 않더라도 창업자가 목표로 하는 효과를 발생시킬 수 있는가를 조사해야 한다. 즉, 회원가입의 증대, 방문고객의 증가, 홍보 및 인지도를 높이는 등의 효과도 중요한데, 장기적인 관점에서 보면 결국 매출로 이어진다는 것이다.

③ 동영상(UCC)의 제작에 필요한 디지털카메라, 캠코더의 사용방법을 알고 있어야 하며, 이와 동시에 포토샵, HTML 등에 대한 전문적인 지식도 필요하다.

④ 콘텐츠를 제작한 후에 굳이 판매를 하지 않더라도 해당 분야의 전문가로 인정을 받을 수 있으며, 콘텐츠를 기반으로 다양한 수익을 창출할 수 있다는 것이다. 예를 들어, 다양한 창업콘텐츠를 많이 생산하게 되면, 그것을 활용하여 저서를 출판할 수 있다. 또한 콘텐츠를 활용한 웹사이트의 운영을 통해서 창업컨설팅, 창업교육, 외부강연 등을 통해 수익을 창출할 수 있을 것이다.

⑤ 이론 및 실무지식만 갖추고 있으면 굳이 콘텐츠는 직접 제작할 필요가 없다. 특정 분야의 이론 및 실무지식을 체계적으로 정리한 후에 위에서 언급한 멀티미디어 콘텐츠 제작을 지원하는 전문기업의 도움을 받으면 될 것이다. 중요한 것은 콘텐츠를 어디에서 그리고 어떻게 제공하여 돈을 벌 것인가에 대한 구체적인 계획과 실행이 필요하다는 것이다.

창업 아이템 45

도매사이트를 활용한 창업

(1) 창업아이템의 개요

현재 포털사이트에서 도매, B2B 등으로 검색해 보면 다양한 도매사이트들이 있는데, 이러한 도매사이트들을 활용하여 수익을 창출할 수가 있다. 즉, 도매사이트에 등록되어 있는 상품을 도매가격으로 구입하거나 상품이미지를 무료 혹은 저렴한 비용에 제공 받아서 인터넷쇼핑몰, 국내 및 해외 오픈마켓에 등록하여 창업을 할 수 있다. 초보 창업자들은 이러한 온라인 도매사이트들을 활용하여 창업 경험을 쌓는 것이 본격적인 창업을 준비하는 데 많은 도움이 될 것이다.

(2) 창업성공사례 및 관련 사이트

대표적인 도매사이트로는 나까마(www.naggama.co.kr), 베스트켓(www.bestket.com) 등이 있다. 특히 베스트켓에서는 B2B회원(기본형, 프리미엄 플러스, 무제한형)으로 가입을 하게 되면, 인터넷쇼핑몰 또는 오픈마켓에서 판매하는 창업자들은 상품이미지를 미리 사용한 후 주문이 들어오면 B2B센터에 공급가를 결제하고 배송대행을 신청하면 창업자의 상호로 배송을 하는 서비스까지 제공하고 있다. 또한 도매토피아(www.

dometopia.com)는 중국 상품을 직수입하여 도매가로 판매하고 있는 사이트이며, 한아름기프트(www.ihangift.com)는 판촉물을 도매가로 판매하고 있다.

한편, 도매토피아에서는 온라인 판매자들을 위해 상품이미지를 제공하고 있으며, 도매토피아(www.dometopia.com) 및 바이앤몰(www.bynmall.com)에서는 판매된 상품에 대한 포장과 배송까지 지원하고 있다.

(3) 핵심 성공요소 및 준비사항

① 도매사이트에서 제공하는 상품의 품질과 가격이 경쟁력이 있는가에 대해 옥션, G마켓 등과 같은 오픈마켓 및 인터넷쇼핑몰에서 조사를 하는 것이 필요하다.

② 나까마 혹은 베스트켓에서 제공하는 상품이 주력상품(main items)이 될 것인가 혹은 구색상품이 될 것인가를 고려해야 한다. 즉, 창업자가 상품을 판매할 때에는 주력상품 외에도 구색상품도 필요한데, 사전에 구입처를 생각해 두는 것이 필요하다.

③ 초보 창업자들은 우선 도매사이트를 활용하여 상품을 구입하여 판매를 시작하고, 그 이후 경험과 노하우가 쌓이면서 국내 및 해외 도매시장에서 공급받는 것을 생각해야 한다. 즉, 초기에는 도매사이트에서 구입한 상품들의 수가 많을 수 있지만, 경험과 노하우가 쌓이면서 국내외 도매상가를 통해 직접 구입하는 상품이 많아지도록 만드는 것이 필요하다.

창업 아이템 46

총판계약을 활용한 무점포 창업

(1) 창업아이템의 개요

시장성과 장래성이 있는 프랜차이즈 본사와 특정 지역(예: 대구경북 지역)에서의 총판계약을 맺는 것도 좋은데, 예비창업자들에게 홍보를 하여 계약을 할 수 있는 능력이 있어야 한다. 총판계약의 경우에는 적어도 5천~1억원의 자금이 초기에 투자되어야 한다는 단점이 있지만, 사업성이 있는 창업아이템에 대한 총판계약은 수익성이 매우 좋다는 장점이 있다.

(2) 창업성공사례 및 관련 사이트

한국프랜차이즈산업협회(www.ikfa.or.kr), 한국프랜차이즈경제인협회, 공정거래위원회 가맹사업거래 홈페이지(franchise.ftc.go.kr)에서 사업성과 장래성을 갖춘 프랜차이즈 본사들을 찾을 수 있다. 또한 전국에서 개최되는 창업박람회에서 우수한 프랜차이즈 창업아이템들을 찾을 수도 있는데, 서울무역전시장(www.setec.co.kr), 코엑스(www.coex.co.kr), 벡스코(www.bexco.co.kr), 대구전시컨벤션센터(www.excodaegu.co.kr), 킨텍스(www.kintex.com) 등에서 매년 개최되는 다양한 창업박람회에 대한 정보를 수집한 후에 참석하여 총판계약을 체결할 수도 있다.

(3) 핵심 성공요소 및 준비사항

① 매월 정기적인 창업세미나를 개최할 수 있도록 다음(Daum)과 네이버(Naver)를 활용한 창업카페 혹은 홈페이지를 운영하는 것이 필요하다. 즉, 특정 창업분야 혹은 창업아이템에 관심이 있는 예비창업자들과 교류할 수 있는 커뮤니티 성격의 사이트가 필요하다는 것이다.

② 가맹점 창업자들의 자질과 특성을 파악하여, 창업자에게 맞는 창업아이템들이 연결되도록 해야 하며 무차별적인 가맹점 모집은 절대 금물이다. 즉, 가맹점 모집보다 더 중요한 것은 모집된 가맹점들의 성공률을 높이도록 노력하고 지원하는 것이다.

③ 공정거래위원회 가맹사업거래 홈페이지(franchise.ftc.go.kr)에서 제공하는 정보공개서를 꼼꼼하게 분석하여 사업성이 있는 본사를 선정하는 것이 매우 중요한데, 대한가맹거래사협회(www.fea.or.kr)에 소속된 가맹거래사들의 도움을 받는 것도 생각할 수 있다.

창업 아이템 47

홍보 및 모집 대행 창업

(1) 창업아이템의 개요

현재 사업성이 있다고 판단되는 프랜차이즈 본사들과 계약을 한 후에 예비창업자들을 대상으로 창업세미나 혹은 사업설명회를 개최한 후에 가맹점 및 지사 계약을 대행하고 일정한 수수료를 받는 창업이라고 할 수 있다. 또는 전국적으로 가맹점 및 지사를 모집하는 본사들을 위해서 특정 지역에서 창업행사에 참가할 예비창업자들을 모집해 주는 일을 할 수도 있다.

(2) 창업성공사례 및 관련 사이트

현재 다수의 창업컨설팅 업체들이 특정 프랜차이즈 본사들의 가맹점 모집을 위해 홍보 및 계약대행을 하고 있는 실정이다. 아울러, 한국프랜차이즈협회(www.ikfa.or.kr), 한국프랜차이즈경제인협회, 공정거래위원회 가맹사업거래 홈페이지(franchise.ftc.go.kr)에서 홍보 및 계약대행을 할 수 있는 프랜차이즈 본사들을 찾을 수 있다.

(3) 핵심 성공요소 및 준비사항

① 다음(Daum)과 네이버(Naver)에서 창업카페를 개설하여 운영하는 것이 필수적이며, 정기적인 창업세미나 혹은 창업설명회를 개최하는 것이 필요하다.

② 프랜차이즈 가맹점 계약에 대한 실무지식을 알고 있어야 하며, '가맹사업거래의 공정화에 관한 법률'에 대해서도 잘 알고 있어야 한다. 그래야 예비창업자들이 피해를 보지 않도록 지원할 수 있다.

③ 프랜차이즈 본사들의 아이템들에 대한 건전성, 수익성, 경제성, 성장성 등에 대한 조사 및 분석능력이 필요하다. 즉, 홍보 및 계약대행을 통해 수익을 창출하는 것도 중요하지만 예비창업자들에게 수익성이 있고 성장성이 있는 창업아이템들을 추천하는 것이 더 중요하기 때문이다.

④ 다음(Daum)과 네이버(Naver)에서 창업카페를 개설하여 운영을 한다면 키워드 광고를 반드시 진행해야 한다. 특히 다음(Daum)에서는 카페초이스 광고도 동시에 진행하는 것이 효과적이다. 아울러, 트위터 혹은 페이스북을 활용하여 홍보를 할 수 있는데, 창업자가 운영 중인 카페(cafe)를 방문하도록 하는 것이 중요하다.

창업 아이템 48

온라인교육 창업

(1) 창업아이템의 개요

온라인교육은 그 분야가 매우 다양하며, 온라인을 활용한 교육방법 또한 매우 다양하게 진행이 되고 있다. 다만, 온라인교육을 진행하는 창업자가 특정 분야에서 전문적인 지식을 보유하고 있으면 창업이 가능하다. 한편, 온라인교육은 다른 제품의 판매를 위한 수단으로도 활용될 수 있는데, 예를 들어 천연비누를 만드는 재료를 판매하기 위하여 비누를 만드는 방법에 대한 온라인교육을 진행할 수 있다는 것이다.

(2) 창업성공사례 및 관련 사이트

국내 최초로 이베이(eBay)책을 집필한 조유신씨의 경우에는 채팅(chatting) 기능을 활용하여 이베이(eBay)에 대한 강의를 진행하기도 하였다. 또한 온라인교육은 동영상(UCC)를 제작하여 진행할 수도 있는데, 제작된 동영상(UCC)을 카페(cafe)에 등록한 후에 교육비를 납부한 사람들만 동영상(UCC)을 볼 수 있도록 '읽기' 권한을 설정할 수도 있다는 것이다. 한편, 웹캠(Web Cam)을 사용하면, 전국적으로 많은 창업자들에게 실시간 화상강의가 가능하다는 장점이 있다. 예를 들어, 대성 스카이프(skype.daesung.com)에서 스카이프를 다운받아 설치한 후에 웹캠(Web Cam)만 설치하면 영상통화가 가능하며, 이것을 활용하여 전국적인 화상강의로 활용할 수 있다는 것이다.

(3) 핵심 성공요소 및 준비사항

① 일반인들이 관심이 많은 분야를 선택하여 해당 고객들이 선호하는 온라인 교육방법을 선택하는 것이 필요하다. 동영상(UCC) 강좌와 웹캠(Web Cam) 강좌는 장점과 단점이 있으며, 고객들의 특성을 고려하여 한 가지를 선택하거나 동시에 진행할 수도 있다.

② 어떻게 홍보할 것인가를 계획해야 하는데, 온라인과 오프라인에서 홍보가 가능할 것이다. 특히 다음(Daum)과 네이버(Naver)에서 카페(cafe)를 개설하여 커뮤니티를 구축하고 필요에 따라 홈페이지를 운영하는 것도 필요하다.

③ 콘텐츠는 텍스트(text), 이미지(image), 멀티미디어(multimedia) 형태로 제작할 수 있는데, 온라인교육의 목적에 따라 하나를 선택 혹은 혼합하여 제작할 수 있을 것이다.

④ 초보 창업자들이 동영상 강좌를 제작할 수 있는 간단한 방법은 삼각대 위에 캠코더(camcorder)를 올려놓고 리모컨으로 캠코더를 조작하면서 동영상(UCC) 강좌를 제작하는 것인데, 용량이 클 때에는 다음 팟인코더(Daum PotEncoder)를 사용하여 용량을 줄이면 된다.

창업 아이템 49

퀼트 공예

(1) 창업아이템의 개요

선사 때부터 존재했던 퀼트는 그 어원이 라틴어의 culcita 또는 culcitra에서 파생한 것으로 속을 채운 자루, 매트리스, 쿠션, 침대보 등을 뜻한다. 퀼트의 구성은 퀼트탑(quilt top)과 뒷판(backing) 그리고 그 사이에 솜(batting)으로 이루어지며, 여러 조각 천을 이어 붙이는 피싱(piecing =patch work), 천 위에 도안을 그려 천을 대고 꿰매 붙인 아플리케 등으로 퀼트탑을 만든 뒤 그것을 누비는 작업(quilting)을 뜻한다. 퀼트는 생활퀼트와 아트퀼트로 나눌 수 있다.

또한 퀼트는 헌 헝겊 조각과 색색의 실, 그리고 창의력만 있으면 누구나 할 수 있는 '바느질 예술'이다. 우리나라에 퀼트가 소개된 것은 그리 오래되지 않으나 우리의 전통 조각보 자수와 전혀 무관하지 않으며 재활용 아이디어에서 시작해 여성 특유의 꼼꼼한 솜씨가 어우러져 다양한 생활 소품(인형, 쿠션, 베개, 침대커버, 커튼, 벽걸이, 옷, 가방)뿐만 아니라 우리의 전통 문양이나 색채를 살린 퀼트 등 예술창작으로 승화되기도 한다(네이트 지식, ask.nate.com). 이러한 퀼트 공예는 수공예의 한 분야이며, 손재주가 있는 여성들이 도전할 수 있는 창업아이템이다.

(2) 창업성공사례 및 관련 사이트

사단법인 한국퀼트공예협회(www.kqca.kr), 한국국제퀼트협회(www.kiqa.co.kr), 사단법인 풀잎문화센터연합회(www.pulib.com), 사단법인 한국생활공예협회(cafe.naver.com/quiltmaeul), 한국종합예술교육협회(cafe.naver.com/koreaartspace) 등의 단체에서 퀼트교육 및 창업에 대한 도움을 받을 수 있다.

(3) 핵심 성공요소 및 준비사항

① 퀼트 공예분야의 창업은 제품 및 재료 판매 수익과 교육 수익으로 구분하여 생각할 수 있으며 병행하는 것이 좋다. 단체를 만들어서 민간자격증의 발급도 고려할 수 있는데, 중요한 것은 취미가 아니라 창업으로 연결되어 일정 수익을 확보할 수 있도록 지원할 수 있어야 한다는 것이다.

② 아직도 퀼트 공예는 상품을 만드는 데 투입되는 시간과 비용에 비하여 제품의 가격은 높다는 인식이 있는데, 퀼트 공예에 종사하는 사람들이 많은 상품들을 점포 혹은 인터넷쇼핑몰에서 공동 판매하는 것을 추진하는 것이 좋다. 또한 전국적으로 개최되는 축제 및 관련 행사에서 제품들을 전시하고, 홍보하는 것은 매우 효과적이다.

③ 주부들이 여가 선용 차원을 넘어 천을 이어 붙이고 바느질을 하는 과정에서 정신적인 치유 효과까지 기대할 수 있으며(국민일보, 2011.3.16), 공예의 수준을 넘어 아트(art)의 수준으로 발전시키는 노력이 필요하다.

창업 아이템 50

지역정보지 창업

(1) 창업아이템의 개요

지역정보지는 신문이나 잡지의 일종으로, 특정지역내의 부동산·상품·용역 등의 매매 정보와 각종 행사 및 역사·지리 그리고 오락 등에 관한 정보나 뉴스를 그 주된 내용으로 하는 소규모의 특수 신문이나 잡지를 말한다. 이들 중에는 구독료를 받고 배포하는 유가지(有價紙·誌) 및 무료로 배포하는 무가지가 있으며, 판형도 각양각색이며, 발행부수도 천차만별이다. 현재 우리나라에도 이러한 정보지들이 특히 대도시의 각 지역에서 유행하고 있다(네이버 용어사전, terms.naver.com). 이러한 지역정보지는 다양한 형태로 발전될 것으로 예상되며, 동시에 1인 창업이 가능한 아이템이다.

(2) 창업성공사례 및 관련 사이트

현재 국내에는 교차로(www.icross.co.kr), 벼룩시장(www.findall.co.kr), 대구동네방네(www.d4b4.co.kr) 등과 같은 지역정보지들이 있으며, 지역상가 안내 등과 같은 소책자를 활용한 창업도 가능하다. 특히 최근에는 아파트 단지를 중심으로 상가 안내 소책자를 제작하는 업체들도 많은데, 대부분의 아파트 주민들은 적어도 5~10개 정도의 상가 안내 소책자를 보관하면서 자주 이용하고 있는 실정이다. 이러한 상가 안내 소책자들은 스마트디앤피(ww.smartdnp.com), 오엠애드(www.omad.co.kr), 나루기획인쇄(www.naruprint.co.kr) 등에서 제작할 수 있다.

(3) 핵심 성공요소 및 준비사항

① 지역상가 안내에 대한 소책자를 발행할 때에는 웹사이트, 카페(cafe) 등을 활용한 온라인 상가를 구축하여 함께 홍보를 하는 것이 광고 유치에 도움이 될 것이다.

② 특정 점포를 이용한 고객들에 대한 데이터의 관리, 메일 및 문자발송 서비스 등이 가능하도록 하는 정보시스템의 구축도 필요하다. 즉, 유료 광고를 게재하는 상가를 위한 메일 및 문자발송 서비스의 제공을 통해 매출이 증가되도록 지원할 수 있다.

③ 지역 상가들의 공동 할인 쿠폰의 발행 및 배포를 통해 부가적인 수익의 창출도 가능하다. 아울러, 지역상가 안내 등과 같은 소책자에 할인 쿠폰을 포함시켜 배포하게 되면 고객들이 보관할 가능성을 높일 수 있다는 것이다.

창업 아이템 51

스크린광고 창업

(1) 창업아이템의 개요

스크린광고(screen advertising)는 건물의 특정한 부분에 스크린광고가 행해질 수 있도록 하는 시스템을 설치하여 적은 비용으로 다양한 광고를 대형 전광판 광고와 비슷한 방식으로 지속적으로 진행하는 것을 말한다. 또한 스크린광고는 화면을 네트워크로 묶을 수도 있는데, 이로 인한 홍보 효과는 매우 크다고 할 수 있다.

예를 들어, 골프존(www.golfzon.com)에서는 골프존 기기를 사용하는 스크린 골프방들의 화면이 네트워크로 묶여 있다는 점을 이용하여 모든 골프방의 화면에 광고를 넣는 사업을 하고 있다(머니투데이, 2010.11.27). 즉, 골프를 시작할 때, 중간 중간에 홀이 바뀔 때 나오는 로딩 화면은 물론 실제 골프장과 비슷해 게임 중에도 필드 곳곳에 광고판 등이 설치돼 있다. 스크린 골프를 즐기는 동안에는 이용자들이 화면에 집중하는 점을 활용하는 광고인 셈이다.

(2) 창업성공사례 및 관련 사이트

코리아AV(www.koreaav.net), 빅키워드(bigkeyword.com), 애드21(www.

ad21co.com) 등에서는 스크린광고를 제작 및 설치해 주고 있다.

(3) 핵심 성공요소 및 준비사항

① 유동인구 밀집지역에서 스크린광고를 진행하는 것이 효과적이며, 지역적인 특성을 고려한 스크린 광고를 진행하는 것이 광고의 효과를 높일 수 있다. 예를 들어, 소득수준이 높은 지역과 그렇지 못한 지역에서의 스크린광고의 내용을 차별화시켜야 한다는 것이다.

② 현대자동차가 서울 강남 '스타플렉스' 건물 외벽에 초대형 LED 스크린을 설치하여 현대차 홍보영상 외에 실시간 거리 화면에 3차원 증강현실을 입힌 이색영상, 시간과 기상, 주가 등 공익정보, 주요 스포츠 이벤트 등의 생중계 등의 볼거리를 제공하고 있듯이, 스크린광고는 다양한 콘텐츠를 제공하여 거리시민들과 함께 호흡하는 소통의 장이 되도록 하는 것이 필요하다(뉴스토마토, 2011.1.10).

③ 스크린광고를 설치해야 하는 건물을 선정하는 경우에는 건물주와의 수익배분에 대한 협의도 동시에 필요한데, 거리시민들이 스크린광고를 주목함으로 인해 건물의 인지도 상승 및 홍보효과도 있다는 것을 강조할 필요가 있다.

창업 아이템 52

실내 환경개선 창업

(1) 창업아이템의 개요

실내 환경개선 창업은 실내 공간에 존재하는 화학적 오염물질과 생물학적 유해물질을 첨단장비를 기반으로 하는 과학적 시공공정을 통하여 청정공간으로 만들고, 환경원인의 질병을 예방해 주도록 도와주는 창업아이템이다. 실내 환경개선 창업은 웰빙(well-being)에 대한 관심의 증가에 따라 지속적으로 성장할 것으로 예상되는 창업아이템이다.

이러한 친환경 실내 환경개선 혹은 관리업은 확실한 소비시장이 있어 수익 안정성이 높다는 게 장점이다. 정부가 병원이나 호텔 등 다중시설과 보육시설, 초중고교는 물론이고 사무실까지 실내 공기 질의 개선을 의무화함에 따라 안정적인 수요를 확보할 수 있게 됐다(동아일보, 2010.12.16).

(2) 창업성공사례 및 관련 사이트

실내 환경개선 창업을 도와주는 회사는 반딧불이(www.ezco.co.kr), 바이오미스트(www.biomist.co.kr), 그린닥터(www.dk1004.kr), 닥스리빙클럽(www.daksliving.com) 등이 있는데, 침대, 소파, 카펫 등에 기생하고 있는 알레르기 유발인자인 집먼지 진드기(house dust mite) 제거는 물론 개미·바퀴 등 생활해충박멸서비스, 오존을 통한 새집·헌집 증후군 제거, 냄새제거서비스, 그리고 피톤치드 등의 아로마 케어까지 다양한 환경관리 서비스를 제공하고 있다.

또한, 하이트랩(www.hitrap.net)은 화장실, 하수구, 세면대의 악취를 제거할 수 있는 다양한 제품을 사용하여 현장에서 직접 시공을 하는 창업을 지원하고 있으며, 현대크린세상(www.hd-clean.co.kr)에서는 새집증후군 제거를 위한 청소, 피톤치드(phytoncide) 시공, 광촉매시공 등에 대한 창업을 지원하고 있다.

(3) 핵심 성공요소 및 준비사항

① 화학적 오염물질과 생물학적 유해물질에 대해 상세하게 알고 있어야 하며, 고객이 쉽게 이해할 수 있도록 설명할 수 있어야 한다.

② 실내 환경개선은 대부분의 사람들이 관심이 부족한 분야인데, 어떻게 관심을 가지도록 할 것인가에 대해 많은 노력과 홍보가 필요하다. 이를 통하여 신규 고객을 창출할 수 있다는 것이다.

③ 창업자가 독립적으로 웹사이트를 개설하여 실내 환경개선 전후의 상황에 대해 자세하게 정보를 제공하는 것이 필요하다. 또한 실내 환경개선에 도움이 되는 제품의 판매도 동시에 고려할 수 있다.

④ 노약자, 어린이, 장애인, 임산부 등을 대상으로 하는 차별적인 마케팅이 중요할 것이다.

창업 아이템 53

청소용역업 창업

(1) 창업아이템의 개요

청소용역업은 주로 주택 및 아파트를 대상으로 실내를 깨끗하게 청소해 주는 창업아이템이며, 특별한 기술이 필요 없이 누구나 시작할 수 있다는 장점이 있다. 다만, 아직은 청소를 돈을 주고 대행한다는 것에 대한 관심이 부족하며, 아울러 청소 서비스에 대한 신뢰도 부족한 실정이다. 하지만, 소득수준이 높아지고 고령자들이 늘어나면서 청소용역업에 대한 수요 또한 점차 증가될 것으로 전망된다.

(2) 창업성공사례 및 관련 사이트

그린닥터(www.dk1004.kr)는 각종 알레르기 질환, 실내환경 오염원, 새·헌집 증후군을 방제하는 실내환경관리와 더불어 침대청소, 세탁기청소, 에어컨청소, 비데청소, 주방후드청소, 냉장고청소, 싱크대/하수구악취차단 등의 청소도 동시에 해주는 토털 홈케어 창업아이템이다. 애니크린(anycleancare.co.kr)은 청소 및 소독분야의 창업을 지원하는 생활토탈케어 전문기업이며, 아토제로(atozero.co.kr), 굿모닝(www.bedgood.co.kr), 그린홈(www.greenh.kr)도 다양한 분야의 청소를 대행해 주는 창업을 지원하고 있다.

쿨케어(www.coolcare.co.kr)와 하늘정원(skyno1.co.kr)에서는 세탁기청소, 드럼세탁기청소, 침대&소파청소, 비데청소, 에어컨청소, 렌지후드청소, 냉장고청소를 해주는 창업을 지원하고 있으며, 현대크린세상(www.hd-clean.co.kr)에서는 입주청소, 이사청소, 거주청소 등에 대한 창업을 지원하고 있다. 매경씨앤비(www.adamstone.co.kr), 청우환경(onnaraclean.com), 씨앤에스라이프(www.cnslife.com)에서도 청소를 해주는 창업자들을 지원하고 있다. 침대청소박사(www.cleanit.co.kr)는 침대 매트리스, 이불, 베개, 천 소파, 카펫 등을 출장방문 서비스하는 창업아이템이다.

(3) 핵심 성공요소 및 준비사항

① 청소용역업 창업은 앞에서 설명한 실내 환경개선 창업과 연계시켜 함께 진행할 수도 있다. 다만, 비용에 대한 부담을 느끼는 고객들을 위해 집 전체에 대한 청소보다는 부분 청소를 제안할 수도 있다.

② 토털서비스보다는 몇 가지로 특화하여 수익모델을 개발하는 것이 필요하며, 다른 창업분야와 연계하여 진행하는 것이 효율적이다. 예를 들어, 이사를 도와주는 업체와 연계하여 진행하면 고객을 확보하는 데 도움이 될 수 있다.

③ 싱글 가구 혹은 고령자 가구를 대상으로 홍보를 하거나 맞벌이 부부를 대상으로 집중적인 마케팅을 하는 것도 효과적이다.

창업 아이템 54

자동차 관련 서비스업

(1) 창업아이템의 개요

자동차가 증가하면서 자동차 관련 서비스를 제공하는 창업의 분야도 다양해지고 있다. 특히 가벼운 접촉사고로 인한 찌그러짐 혹은 실내 청소 등에서는 수요가 증가하고 있는 실정이다. 또한 소비자에게 신차가 전달된 이후 폐차할 때까지의 모든 과정에서 발생하는 자동차 애프터마켓에 대한 관심이 어느 때보다 높아지고 있다고 할 수 있다. 최근 자동차 애프터마켓의 규모는 신차 1대당 판매하면서 얻는 수익을 100으로 잡았을 때 애프터마켓 관리를 잘 하면 4배 이상의 수익을 거둘 수 있을 정도로 시장은 급속히 커지고 있는 실정이다(내일신문, 2011.7.29). 이에 따라 자동차 관련 서비스업 역시 지속적으로 성장할 것으로 예상된다.

(2) 창업성공사례 및 관련 사이트

자동차 외장관리 및 외형복원 전문 기업으로 매직터치(www.mtdcs.co.kr)가 있는데, 자동차의 외장관리(유리막 코팅, 광택, 범퍼 복원, 자동차 외형 복원)와 내장관리(썬팅, 내비게이션 설치, 후방카메라, 블랙박스 장착, 실내 클리닝)를 위한 창업을 지원하고 있다. 프로출장광택(www.pro100.co.kr), 크린카(www.clean-car.kr), 워시오케이(www.washok.net), 덴트콜(www.dentcall.net)에서는 자동차 출장광택, 실내 클리닝 전문 서비스를 제공하는 창업을 지원하고 있다.

(3) 핵심 성공요소 및 준비사항

① 바쁜 직장인들을 고려하여 방문 서비스를 제공하는 것이 필요하며, 이것을 적극적으로 홍보하는 것이 필요하다. 예를 들어, 한 번이라도 서비스를 이용한 고객들의 연락처를 관리하여 정기적으로 전화 혹은 문자서비스를 제공하는 것이 필요하다.

② 아파트 주차장 혹은 실외 주차장에 주차되어 있는 차량의 유리 위에 홍보 명함 혹은 전단지를 끼우는 것도 좋은 홍보방법이 될 수 있다.

③ 초보운전자 혹은 여성운전자 등 자동차 관리에 대한 지식이 상대적으로 부족한 고객을 대상으로 하는 차량 관리 서비스를 정기적으로 제공할 수 있다.

창업 아이템 55

전자담배 창업

(1) 창업아이템의 개요

흡연을 규제하는 사회적 분위기에 힘입은 금연 열풍과 건강을 생각하는 라이프스타일(life style)이 주목받게 됨에 따라 전자담배 시장이 점차 성장하고 있다. 담배 대체제나 금연 중간 단계의 의미로 전자담배를 사용하는 사람들이 증가하는 것처럼 전자담배의 수요가 꾸준히 증가하고 있어 당분간 전자담배 시장의 성장은 계속될 전망이다(프레시안, 2011.3.10). 비록 전자담배 시장은 초기단계에 있지만, 향후 기술개발과 더불어 제품의 개선이 지속적으로 진행될 것으로 예상되고 있다.

(2) 창업성공사례 및 관련 사이트

현재 전자담배 창업을 지원하는 주요 회사들은 라스트스틱(www.laststic.co.kr), 저스트포그(www.justfog.com), 한국전자담배(www.ruyankorea.co.kr) 등이 있다. 최근 몇 년간의 전자담배 시장의 상황을 고려할 때에 전자담배의 창업을 지원하는 회사들은 계속 증가할 것으로 예상된다.

(3) 핵심 성공요소 및 준비사항

① 전자담배는 담배를 피우는 본인이 구입할 수도 있지만, 담배를 끊지 못하는 부모님과 선생님들을 위한 선물용품으로 홍보하는 것도 판매에 도움이 될 것이다.

② 최근 전자담배를 생산하고 있는 기업들이 크게 증가하고 있는데, 전자담배들을 비교하고 분석을 실시한 후에 제품을 선정하는 것이 필요하다. 예를 들어, 전자담배 중에서 니코틴이 함유된 것은 전자담배로 분류돼 담배사업법의 관리를 받고 있으며, 반면 니코틴이 함유되지 않은 것은 흡연욕구저하제(금연보조제)로 분류돼 약사법의 관리를 받고 있는 실정이다(부산일보, 2011.5.9).

③ 전자담배의 효과와 안전성은 아직 검증이 되지 않았기 때문에 장기적인 관점에서 시장성에 대한 신중한 검토가 필요하다. 예를 들어, 의학전문지 '뉴 잉글랜드 저널 오브 메디신(New England Journal of Medicine)' 최신호에 따르면 미국 조지타운 대학 메디컬센터 연구팀은 연구조사에서 전자담배가 정제된 니코틴을 체내로 주입하는 불완전한 약물 전달 장치이기 때문에 예상할 수 없는 리스크를 유발할 가능성을 확인했다고 밝히고 있다(한국일보, 2011.7.26).

창업 아이템 56

단체복 창업

(1) 창업아이템의 개요

단체복은 '모양이 같게 일정한 격식에 맞추어 단체 성원이 입도록 만든 옷'을 말한다. 여기에서 단체 성원이라 함은 유치원생에서부터 청소년, 중·장년 및 노년층에 걸쳐 다양하며, 일정한 격식이라는 의미 또한 각종 모임 및 행사를 지칭한다.

최근에는 매년 각 시즌마다 초등·중·고·대학교 및 종교단체 등에서 치러지는 체육대회 및 축제 등의 각종 행사 때에 자신들의 반, 학과, 동아리 등의 특성을 나타내는 단체복을 맞추어 입는 것이 하나의 트렌드가 되었다. 단체복은 다양한 종류의 티셔츠 외에도 일반 사무실 및 작업현장에서의 근무복, 작업복, 스포츠 및 레포츠 행사 때의 유니폼 등 있다.

(2) 창업성공사례 및 관련 사이트

단체복프랜차이즈(www.d-f.co.kr)에서는 유명 스포츠브랜드 및 동대문 도매상가의 단체복 전문매장 50여 개가 입점해 4000여 개의 상품 데이터베이스를 보유한 명실상부 국내 최고 온라인 단체복 전문업체이며, 가맹비 100,000원 및 매월 90,000원만 납부하면 인터넷쇼핑몰을 개설해 준다(아시아경제, 2008.9.30). 또한 미단유니폼(www.midan.co.kr), 디자인샾오티(www.dsotee.com) 등에서도 단체복을 제작해 주며, 프랜차이즈 창업에 대한 다양한 아이디어와 실무지식도 얻을 수 있다.

(3) 핵심 성공요소 및 준비사항

① 단체복이 필요한 기업 혹은 단체에 제품 카탈로그 등 홍보 우편물을 발송한 후에 직접 방문하는 것이 필요하다. 즉, 평소에 제품의 판매가 가능한 기업 혹은 단체와 관계를 지속하면서 홍보를 해야 하는데, 이를 위해 다양한 단체에 가입하여 활동하는 것도 좋다.

② 단체복만을 창업하기보다는 다른 아이템을 추가하여 창업을 하는 것이 필요하다. 예를 들어, 단체 행사에 필요한 기념품, 판촉물 등을 함께 홍보하고 판매하는 것도 고려할 수 있다.

③ 독립된 인터넷쇼핑몰 외에 국내 오픈마켓에 등록하여 판매하는 것도 좋을 것이다. 옥션(www.auction.co.kr)에는 13,530개의 단체복이 등록되어 있으며, G마켓(www.gmarket.co.kr)에는 17,602개의 단체복이 등록되어 있다. 즉, 온라인 및 오프라인에서 판로를 다양하게 해야 한다는 것이다.

창업 아이템 57

세탁전문점 창업

(1) 창업아이템의 개요

세탁전문점 창업은 각종 의류, 운동화, 구두, 부츠, 이불, 커튼 등을 세탁해 주는 창업이다. 기존에는 단순히 의류만 세탁을 하였으나 요즈음은 운동화, 구두 등 신발도 세탁해 주는 등 세탁물의 종류가 다양화되고 있는 실정이다.

(2) 창업성공사례 및 관련 사이트

운동화 손세탁 이불(www.clean8284.com)는 운동화 및 이불 세탁전문점 창업을 지원하고 있으며, 크린위드(www.cleanwith.co.kr)에서는 항균세탁, 와이셔츠세탁, 운동화세탁, 단체물세탁, 호텔 및 병원세탁 등의 창업을 지원하고 있다. 맑은운동화(www.clearshoes.co.kr), 아세아엔지니어링(www.asiaeng.kr)에서는 다양한 종류의 운동화 세탁에 대한 창업을 지원하고 있다.

(3) 핵심 성공요소 및 준비사항

① 다양한 세탁서비스가 가능하도록 하는 것이 필요하며, 아울러

의류 수선 및 리폼업도 겸하는 것이 좋다. 최근에는 고가 의류, 구두 제품 등에 대한 수선 및 리폼에 대한 수요가 많은 실정이며, 세탁서비스와 함께 창업하는 것이 좋다는 것이다.

② 계절이 지난 의류에 대한 장기 보관서비스를 제공하는 것도 고려할 수 있다. 일본의 경우에도 한 세탁소 체인이 의류보관 서비스를 제공한 이후 손님이 크게 증가했다(SBS, 2011.7.26).

③ 셀프 세탁이 가능하도록 하는 코인세탁기 및 건조기들을 함께 설치하여 운영하는 것도 생각할 수 있다. 이러한 시설을 하는 경우에는 간식 및 음료수의 판매를 통해 추가로 수익을 올릴 수 있다.

창업 아이템 58

인물조각과 복제 창업

(1) 창업아이템의 개요

인물조각과 복제 창업은 특정 인물을 3D모형으로 제작하거나, 캐릭터 개발 및 초상조각 분야의 창업아이템이다. 즉, 3D얼굴촬영 장비를 사용하여 인물촬영을 한 후에 데이터를 3D얼굴 조각장비로 자동화하여 제작해 주는 창업이다.

(2) 창업성공사례 및 관련 사이트

현재 3D모형제작, 캐릭터개발, 초상조각 등의 창업을 지원하고 있는 업체들은 별로 없지만, 자신 혹은 가족들의 아름다운 모습을 남기고자 하는 사람들은 점차 증가하고 있는 실정이다. 태미원조형(www.teamiwon.co.kr), 유미안(www.umian.com), 진아트(www.jinart.co.kr) 등에서는 초상조각을 제작해 주고 있으며, 인물조각과 복제 창업에 관심이 있는 신규 창업자들은 이러한 사이트들을 방문하여 벤치마킹을 하는 것도 필요하다.

(3) 핵심 성공요소 및 준비사항

① 홈페이지 혹은 인터넷쇼핑몰을 제작하여 운영하는 것이 필요하며, 홍보와 광고를 체계적으로 진행하는 것이 필요하다. 또한, 인물조각과 복제 창업만으로는 높은 수익을 기대할 수 없기 때문에, 유사한 아이템을 추가하여 수익모델을 보완하는 것이 필요하다.

② 다른 점포와의 제휴와 협력도 진행하는 동시에 숍인숍(shop in shop) 형태로 입점하여 판매하도록 하는 것이 필요하다.

③ 3D모형제작, 캐릭터개발, 초상조각의 수요를 창출할 수 있도록 하는 기념일 혹은 이벤트를 개최하는 것도 고려할 수 있다.

창업 아이템 59

독서 및 논술교육 창업

(1) 창업아이템의 개요

독서와 토론 그리고 논술교육을 하는 창업아이템이며, 무점포 형태의 재택 창업이 가능하다. 특히 대학입시에서 논술시험을 실시하는 상위권 대학교들이 증가하고 있다는 것을 고려할 때에 초등학교 혹은 중학교 학생들을 대상으로 하는 독서 및 논술교육은 유망한 창업아이템이라고 할 수 있다.

(2) 창업성공사례 및 관련 사이트

대성독서논술 리딩게임(www.readinggame.co.kr)에서는 독서와 논술에 대한 교육을 공부방, 방문교습소 혹은 학원 형태로 창업할 수 있도록 지원하고 있다. 토론하는 아이들(thinkmen.co.kr)에서는 지역 내에서 독서, 토론, 논술학습을 원하는 회원들을 모집하여 창업자의 집에서 학생들을 관리하거나 회원의 집으로 방문하여 지도하도록 하며, 교습소형, 학원형 창업을 지원하고 있다. 라임사이버문화센터(www.dongacc.com)에서는 아동 독서 지도자 과정을 입문편과 심화편으로 나누어서 온라인 강좌를 개설하고 있어서 독서 및 논술교육 창업자들에게 도움이 될 것으로 판단되며, 한우리 캠퍼스(www.hanuricampus.com)에서는 독서지도사(RI: Reading Instructor), 논술지도 전문과정 등 독서와 논술교육 창업자를 위한 다양한 교육과정을 개설하고 있다.

(3) 핵심 성공요소 및 준비사항

① 독서 및 논술의 중요성은 대학입시의 변화에서 생각할 수 있다. 하지만, 최근 바뀐 입시의 흐름은 대입에만 그치지 않는다. 특목고의 심층 구술면접이 강화되는 것은 물론이고 초등학교부터 이미 서술형 시험이 강화되고 있다(내일신문, 2011.3.10). 이에 따라 독서 및 논술교육의 중요성은 점차 증가되고 있는데, 이러한 흐름을 잘 이해하고 있어야 한다.

② 초등학생, 중학생 및 고등학생들이 읽어야 할 책들을 단계별로 정리하는 것이 필요하며, 학생들이 꾸준한 독서활동을 통해 독서 능력을 키우도록 해야 한다. 특목고 입시 또한 '독서'에 의해 당락이 좌우된다고 볼 수 있는 것이며, 독서의 영향력 확대는 내신으로까지 이어지고 있기 때문이다(뉴시스, 2011.2.7).

③ '독서지도사' 자격증 외에 '방과후 지도사', '자기주도학습지도사', '어린이 영어지도사' 등의 자격증을 함께 취득하는 것도 고려할 수 있는데, 이를 통하여 복합 창업이 가능하다는 장점이 있다.

창업 아이템 60

와인 판매업 창업

(1) 창업아이템의 개요

와인 대리점 창업은 점포 없이 일종의 숍인숍(shop in shop)의 개념으로 와인을 판매하는 창업이다. 즉, 와인통을 씨푸드(seafood) 뷔페전문점, 레스토랑, 맥주전문점, 와인전문점, 대형구이전문점, 일식전문점 등에 설치해 놓고, 고급 이태리산 와인을 비롯하여 프랑스산, 호주산, 스페인산, 칠레산 등을 병 혹은 잔으로 판매하는 창업아이템이다.

(2) 창업성공사례 및 관련 사이트

오크와인(www.oakwine.co.kr)에서는 오크와인을 무점포 대리점 형태로 창업할 수 있도록 지원하고 있다. 또한 진에프앤비(02-2277-7507)에서는 와인을 160여 잔이나 따를 수 있는 오크통 모양의 와인 전용 디스펜서(dispenser)를 개발하여 시판하고 있으며, 와인 잔이나 디켄터(decanter, 와인 전용 용기) 등도 무상 임대가 가능하여 창업자의 입장에서는 초기비용 투자가 거의 없이 와인 판매로 추가 수익을 올릴 수 있는 장점이 있다.

(3) 핵심 성공요소 및 준비사항

① 와인통을 설치한 외식업소에서 와인이 얼마나 판매될 것인가를 충분히 조사해야 하며, 다른 외식업소로의 와인통의 이동도 편리하게 진행할 수 있어야 한다. 또한 오크통 모양의 와인 전용 디스펜서(dispenser)를 다량 구입하여 외식업소에 설치하여 판매를 하며, 외식업소와 판매수익을 일정 비율로 배분할 수도 있다.

② 와인의 판매 외에 와인에 대한 교육, 시음 등을 통해 수요를 창출하는 것이 필요하다. 즉, 소규모 그룹을 대상으로 하는 소믈리에(sommelier) 교육과정을 개설하는 것도 도움이 될 것이다.

③ 와인바를 찾는 고객들은 단순히 와인만을 마시기보다 자연스럽게 와인문화를 알아가려고 하는 경우가 많다. 때문에 와인 전문점을 운영할 때 와인에 대한 전문지식을 갖추는 것은 성공 창업을 위해 중요한 부분이다(아시아경제, 2009.1.29).

창업 아이템 61

행사 상품 배달업 창업

(1) 창업아이템의 개요

각종 경조사 및 기념행사 등에 필요한 다양한 행사 상품을 주문받아서 배달하는 창업아이템이며, 지금까지는 주로 화환을 많이 보내거나 판촉물을 활용하고 있는 실정이다. 하지만, 행사의 성격이나 참석자 등을 고려하여 차별화된 상품을 준비하여 배달할 수 있다.

(2) 창업성공사례 및 관련 사이트

드리미(www.dreame.co.kr), 아름다운 쌀 화환(www.anaun.kr), 아름드리 쌀 화환(www.giverice.co.kr)에서는 결혼식, 장례식, 준공식, 취임식 등 각종 경조사 및 기념행사에 보내는 경조화환을 우리 쌀로 구성된 쌀오브제 화환으로 보낼 수 있도록 하는 창업을 지원하고 있다. 앞의 사례들은 모두 행사 상품으로 쌀을 보내주고 있으나, 기념품, 판촉물 등의 업체들과의 제휴를 통하여 다양한 행사 상품을 배달할 수 있을 것이다.

(3) 핵심 성공요소 및 준비사항

① 행사용품, 이벤트용품 등의 키워드로 검색하여 행사의 성격 혹은 참석자의 수에 따라 상품을 추천하는 홈페이지를 개발하여 운영하는 것도 좋을 것이다.

② 토즈(www.toz.co.kr), 민들레영토(www.minto.co.kr) 등 각종 모임을 위한 장소를 제공하는 업체들과 제휴를 하여 행사 상품의 공급을 추진할 수 있다.

③ 행사 상품을 받은 고객이 원하는 경우에는 소외계층 지원 시설 및 단체, 결식아동 등 어려운 이웃에게 기부될 수 있도록 고객이 거주하는 지역의 소외계층 및 지원시설의 목록을 제공하는 것도 필요하다.

창업 아이템 62

욕실리폼업 창업

(1) 창업아이템의 개요

오래되어 광택을 잃은 타일과 곰팡이 때로 인한 오염, 세제사용으로 인한 마감재 부식 등이 욕실사용에 혐오스러운 존재들인데, 이러한 것들을 욕실을 처음 시공했던 것처럼 깔끔하게 만들어 내는 시공방법이 욕실리폼이라고 할 수 있다. 이러한 욕실리폼은 평소에는 수요가 많지 않지만, 이사철에는 수요가 많은 실정이다. 그리고 15년 이상이 된 노후 아파트들이 크게 증가하고 있기 때문에 장기적으로 수요가 점차 증가할 것으로 예상된다.

(2) 창업성공사례 및 관련 사이트

바센(www.clkr.com)은 뜯지 않고 새로운 욕실로 만드는 특허기술을 보유하고 있는 친환경 벤처기업이며, 바센에서는 크리스탈 펄 코팅, 진주펄 코팅, 포피니쉬 아트코팅, 리싸이클링(recycling), 욕실리모델링, 욕실리폼 등의 서비스를 해 주고 있다. 매경씨앤비(www.adamstone.co.kr)에서는 욕실리폼, 욕실줄눈시공, 욕실리모델링, 타일시공, 기타 욕실내의 설비에 대한 교체시공 등에 대한 창업을 지원하고 있다.

(3) 핵심 성공요소 및 준비사항

① 욕실리폼업은 실내 환경개선 창업 및 청소용역업과 함께 창업이 가능한 아이템이며, 인력 및 자금력이 부족한 경우에는 제휴를 통해 고객에게 다양한 서비스를 제공할 수 있다.

② 중산층이 많이 거주하는 아파트단지가 주 고객층이며(한국경제, 2003.8.21), 이러한 지역을 대상으로 집중적으로 홍보하는 것이 필요하다.

③ 이사 대행서비스 업체와 공동으로 홍보함으로써 욕실리폼을 위한 고객을 확보할 수 있는데, 욕실의 크기와 리폼의 정도에 따라 비용 및 서비스를 차별화시키는 것이 필요하다.

창업 아이템 63

건물썬팅 창업

(1) 창업아이템의 개요

건물썬팅 창업은 친환경 단열필름, 외부시선 차단필름, 탈/변식 방지필름, 안전/방범/방탄필름, 인테리어필름, 프로젝션필름 등을 유리에 시공하는 창업이다. 주상복합 아파트가 대거 준공되면서 태양열 필름 시공(선팅) 수요가 크게 늘고 있는데(한국경제, 2005.7.29), 주상복합아파트는 대부분 건물 외벽이 대형 유리로 장식돼 날씨가 더우면 내부 기온이 빨리 올라가 냉방비가 많이 드는 단점이 있기 때문이다.

(2) 창업성공사례 및 관련 사이트

썬나노(sunnanokorea.co.kr)는 단열 및 안전, 방범, 방탄을 주목적으로 하는 윈도우 필름(window film) 전문기업이며, 건물썬팅 분야의 신규창업자들을 지원하고 있다. 또한 썬프라이드(www.sunpride.co.kr), 다인썬팅(www.dainsunting.com), 해비침(www.haebichim.co.kr) 등에서도 건물썬팅 시공을 하고 있는데, 신규 창업자들은 재료구입, 시공사례와 시공방법 등에 대해 이러한 기업들을 벤치마킹을 하는 것이 필요하다.

(3) 핵심 성공요소 및 준비사항

① 빌딩 청소용역 전문 업체와 제휴하여 홍보하는 것이 도움이 될 것이다.

② 건물썬팅 외에 여름에는 자동차 썬팅도 할 수 있도록 준비하는 것이 필요하다. 자동차 썬팅은 열 차단은 물론 자외선까지 99% 차단할 수 있으며, 피부보호는 물론 에어컨 작동에 따르는 연료비 절감효과를 동시에 얻을 수 있다(내일신문, 2009.6.10).

③ 고객이 원하는 사이즈로 판매를 하여 고객이 직접 시공할 수 있도록 하는 것도 생각할 수 있다. 예를 들어, 옥션과 G마켓에서 스토어(데코마당)를 운영하고 있는 김용훈 대표의 경우에는 발코니 매트를 고객이 원하는 크기로 주문을 받아 판매하는 아이디어로 매출을 크게 향상시켰다.

창업 아이템 64

실내조경 창업

(1) 창업아이템의 개요

실내조경 창업은 베란다, 거실, 사무실, 영업장 등의 장소에 자연을 감상할 수 있는 아름다운 조경공간을 만들고 관리하는 창업아이템이다. 또한 기존 실내조경 창업을 벤치마킹하면, 조경 외에도 다양한 볼거리와 먹거리를 위한 공간을 만들어주는 창업도 가능할 것인데, 특히 노인 및 장애인들을 위한 실내조경에 대한 관심이 증대될 것으로 전망된다.

(2) 창업성공사례 및 관련 사이트

이명주조경(www.leemj.co.kr)에서는 3개월 정도의 교육 후에 별도의 매장이 없어도 소자본 창업이 가능하도록 지원하고 있다. 그 외에도 인스디자인(www.in-scape.co.kr), 가든테라스(www.smallpark.co.kr), 자연사랑(www.nsarang.kr) 등을 벤치마킹하면서 실내조경 창업에 관한 다양한 정보를 얻을 수 있다.

(3) 핵심 성공요소 및 준비사항

① 아파트에서 각종 야채를 재배하여 먹을 수 있는 창업으로도 확장시킬 수 있다. 가정의 여유 공간을 활용하여 식물을 키울 수도 있지만, 건강에 좋은 각종 야채를 재배하여 먹을 수도 있는 것이다. 써니야닷컴(www.sunnyya.com)에서는 아파트 거실 혹은 베란다에서 야채를 키워 먹을 수 있는 아이템으로 창업을 하여 벤처기업으로 인증도 받았다.

② 조경용품의 판매 및 대여를 통한 추가 수입이 가능하다. 특히 노인들의 여가활용을 위해 다양한 조경용품들을 구입하여 직접 식물들을 관리하도록 지원할 수 있다.

③ 실내조경 창업을 하기 위해서는 일정 기간 동안에 플라워디자인 및 상품의 제작과 관련한 기술교육을 받는 것이 필요하며, 더불어 기존의 실내조경업체에서 영업과 경영기법에 대한 실무 연수를 쌓은 후 창업하는 것이 좋다(대전일보, 2006.5.25).

④ 실내조경 창업과 관련하여 생각할 수 있는 것은 아파트 베란다를 다양한 목적으로 활용할 수 있도록 도와주는 창업으로 확장하는 것이 가능할 것이다. 예를 들어, 운동실, 음악 및 영화감상실, 홈바(home bar) 혹은 미니커피샵 설치 등을 지원할 수 있을 것이다.

창업 아이템 65

음식물 처리기 판매업

(1) 창업아이템의 개요

매일 쌓이는 음식물쓰레기는 위생에도 좋지 않고 환경에도 좋지 않음은 물론이며, 처리 또한 골칫거리라고 할 수 있다. 음식물쓰레기를 처리하기 위해 개발된 음식물 처리기는 이미 선진국에서는 50% 이상이 가정에서 분쇄기를 사용하고 있고, 서울시민의 60%도 분쇄기 사용을 원하는 것으로 조사된 바 있다(내일신문, 2011.5.1). 이에 따라 음식물 처리기 판매업은 영업을 좋아하는 창업자들에게 추천할 만한 창업아이템이라고 할 수 있다.

(2) 창업성공사례 및 관련 사이트

싱크퓨어(www.sinkpure.com), 싱크케어(www.sinkcare.com), 퍼펙트클린(www.pfcl.co.kr) 등은 설거지와 음식물 처리를 동시에 간단히 할 수 있는 음식물 처리기를 개발하여 판매하고 있다. 또한 웅진코웨이 렌탈사이트(www.lovecoway.net)에서는 음식물 처리기를 임대해 주고 있다.

(3) 핵심 성공요소 및 준비사항

① 음식물 처리기의 설치와 정기적인 A/S에 각별히 신경을 써야 한다. 즉, 정기적으로 고객의 가정에 방문하여 점검도 하고, 사용상의 불편함에 대해서도 신속하게 조치를 하는 것이 필요하다.

② 고객의 가정에 음식물 처리기를 설치하여 음식물 쓰레기의 감량 효과를 직접 보여줌으로써 음식물 처리기를 홍보하는 것이 필요하다.

③ 판매와 렌탈 서비스를 동시에 하는 것이 필요하며, 약정된 렌탈 기간이 만료되기 전에 일정한 금액으로 구입할 수 있도록 하는 것도 생각할 수 있다.

창업 아이템 66

꽃 배달 창업

(1) 창업아이템의 개요

인터넷을 활용하는 창업 중에서 가장 활성화되어 있는 것이 바로 꽃 배달 쇼핑몰이라고 할 수 있으며, 인터넷쇼핑몰의 홍보와 광고에 대한 실무지식만 있으면 누구나 창업이 가능한 아이템이다. 다만, 경쟁이 조금 치열하다는 것과 포털사이트에서의 키워드 광고비가 상대적으로 비싸다는 단점이 있다.

(2) 창업성공사례 및 관련 사이트

행복한 플라워(www.hanflower.biz)에서는 무료 쇼핑몰, 기본 쇼핑몰, 고급 쇼핑몰 및 주문제작 인터넷쇼핑몰을 제작해 주고 있으며, 창업자가 꽃 배달 주문을 받게 되면 행복한 플라워(hanflower.biz)에서 꽃 배달을 대행해 준다. 또한 1566플라워(www.1566flower.net), 메이크플라워(makeflower.co.kr) 등에서는 꽃 배달 창업을 할 수 있도록 전자상거래 사이트를 제공해 준다.

(3) 핵심 성공요소 및 준비사항

① 꽃 배달 창업의 핵심은 홍보와 키워드 광고라고 할 수 있다. 따라서, 온라인과 오프라인에서 어떻게 홍보를 하고, 광고를 할 것인가에 대한 계획를 수립하고 진행해야 한다. 특히 다음(Daum)과 네이버(Naver) 등과 같은 포털에서의 키워드 광고가 매출에 가장 중요한 요인이라고 할 수 있다.

② 지역의 회사, 기관 및 단체에 적극 홍보하여 단골 고객을 확보하는 것이 필요하다.

③ 고객에 대한 충성도를 높일 수 있는 서비스의 제공이 필요하다. 예를 들어, 싼타플라워를 운영했던 J대표는 고객들에게 자필로 예쁜 엽서를 보내거나 직접 전화를 하여 배달이 잘 되었다는 것을 알려주었다. 이로 인해 고객이 꾸준히 증가했으며 꽃 배달 전문 사이트로는 국내에서는 인지도가 상당히 높았다.

창업 아이템 67

생활밀착형 편의대행 창업

(1) 창업아이템의 개요

생활밀착형 편의대행 창업은 생활 심부름, 음식 사다주기, 백화점 심부름, 강아지 맡기고 찾아주기, 병원처방전 약 찾아오기, 고속버스 화물부치기, 우체국 심부름, 구청관공서업무, 동사무소업무, 예식 축의금 전달, 은행 및 계좌이체 심부름, 줄서주기, 못박아주기, 가구재배치, 간단한 물건전달 등의 서비스를 제공하는 창업아이템이다. 또한, 향후 혼자 사는 1인 가구가 증가할 것으로 예상되며 동시에 노인인구도 크게 증가하고 있는 실정이다. 이러한 상황을 보더라도 생활편의를 제공하는 각종 대행서비스와 위생 및 환경관련 서비스업도 성장할 것으로 전망된다(머니투데이, 2011.1.2).

(2) 창업성공사례 및 관련 사이트

애니맨(www.anyman.co.kr)은 24시간 심부름을 해 주는 창업을 지원해 주고 있으며, 맥스원서비스(www.max1.kr)에서는 하나의 통합된 콜센터를 활용하여 대리운전, 꽃배달, 퀵서비스, 탁송서비스를 제공하고 있으며, 아울러 신규 창업도 지원하고 있다.

(3) 핵심 성공요소 및 준비사항

① 생활밀착형 편의대행의 종류가 워낙 많기 때문에 서비스 제공을 위해 필요한 시간과 수익을 비교하고 분석한 후에 전문화 및 차별화를 시키는 것이 필요할 것이다.

② 서비스를 제공하는 인력을 내부와 외부 인력으로 구분하는 것이 필요하며, 인력의 모집 후 적절한 교육과 훈련을 실시하는 것이 필요하다. 이를 통하여 고객에게 친절하게 그리고 정확하게 서비스를 제공할 수 있도록 해야 한다.

③ 본사에서 모든 서비스를 제공하기보다는 가맹점 혹은 유사 업체와 제휴를 통해 통합된 서비스를 제공하는 것이 인력의 절감 및 경쟁력의 강화 측면에서 유리하다.

창업 아이템 68

구제의류 판매업

(1) 창업아이템의 개요

먼저 '구제(舊製)'라는 말은 오래 되고 낡은 옷을 말하는 재래시장 용어이다(오마이뉴스, 2006.9.4). 또한 구제의류 판매업은 다양한 구제 의류를 판매하는 창업아이템을 말하는데, 점포 혹은 다양한 전자상거래 사이트를 활용하여 판매가 동시에 가능하다.

(2) 창업성공사례 및 관련 사이트

구제뱅크(www.gujebank.co.kr)에서는 구제의류를 인터넷쇼핑몰로 판매할 수 있는 창업을 지원하고 있다. 슈렁크(shrunk.co.kr), 바나샵(www.banashop.co.kr), 어바웃페이스(www.about-face.co.kr) 등도 구제의류를 전문적으로 판매하고 있는 사이트들이며, 창업을 준비하기 전에 꼼꼼하게 벤치마킹을 하는 것이 좋다.

(3) 핵심 성공요소 및 준비사항

① 구제의류를 어떻게 조달할 것인가를 생각해야 하는데, 국내 혹은 해외 도매시장을 개척하는 것이 필요하다. 즉, 구제의류 제품

을 취급하는 국내 및 해외 도매시장에 대한 조사 및 방문을 통해 상인들과 인맥을 형성하는 것이 중요하다. 국내에서는 서울의 동대문 시장 및 남대문 시장, 부산의 국제시장 등을 방문하여 조사하는 것이 필요하다.

② 구제의류를 구입하는 주요 고객은 여성들이기 때문에 최근 의류의 유행을 잘 파악하여 제품을 구입하여 판매하는 것이 중요하다. 또한, 목표로 하는 고객을 분명하게 정하는 것이 필요한데, 통통구제(tongtong9je.cafe24.com)의 경우에는 10대 여성을 위한 구제의류만을 판매하고 있다(이데일리, 2011.5.23).

③ 구제의류를 매입할 수 있도록 창업자의 웹사이트에 매입기능을 개발하여 운영하는 것이 필요한데, 중요한 것은 상품사진만 보고도 구매를 할 수 있도록 하는 판단력이 필요하다.

창업 아이템 69

컴퓨터 온라인교육 창업

(1) 창업아이템의 개요

다양한 IT교육을 인터넷환경에서 진행하고 수강료를 받는 온라인교육 창업이며, 컴퓨터관련 자격증(정보처리기능사, 기사, 산업기사, 워드프로세서, 컴퓨터활용능력평가, 컴퓨터그래픽스운용기능사, ITQ자격증, MOS, PC정비사 등) 및 IT기술(CG, C, C++, ASP, PHP, 데이터베이스 등)로 구분하여 창업할 수도 있다. 또한 취업을 할 때에 컴퓨터 관련 자격증의 취득은 매우 중요하며, 직장인 및 예비창업자들도 컴퓨터와 인터넷 교육에 관심이 많은 실정이다. 이에 따라 컴퓨터 온라인교육 창업은 꾸준히 성장할 것으로 전망되는 분야이다.

(2) 창업성공사례 및 관련 사이트

IB컴퓨터교육닷컴(www.ib96.com)에서는 컴퓨터관련 자격증과 IT기술 분야에서 400여 강좌를 제작하여 컴퓨터교육 창업 전체과목 파트너형, 개별과목 선택 임대형, 전체과목 월 임대형, 그리고 전체과목 평생 라이센스형의 5가지로 세분하여 창업을 지원하고 있다. 에듀펜(www.edupen.com), 씨스꿀(www.cscul.com) 등에서도 다양한 컴퓨터

교육을 진행하고 있으며, 신규 창업자들은 이러한 사이트들을 벤치마킹을 하는 것이 필요하다.

(3) 핵심 성공요소 및 준비사항

① 수강생들을 대상으로 실시간 교육상담을 해 주는 것은 고객확보에도 많은 도움이 된다. 즉, 온라인교육을 수강하면서 질문이 있는 경우에 수시로 질문 및 답변이 가능하도록 채팅 서비스를 제공하는 것은 수강생들의 만족도를 높이기 위해서도 꼭 필요하다는 것이다.

② 온라인 교육의 수강자들에게는 별도의 교재를 판매하여 추가적인 개별 학습이 가능하도록 하는 것도 좋을 것이다. 즉, 대부분의 컴퓨터 교육들은 온라인 교육만으로는 충분하지 못한 경우가 많기 때문에 별도의 교재가 있어야 개별 교육이 가능하다는 것이다.

③ 일부 컴퓨터 교육은 창업자가 직접 개발할 수도 있으며, 일부 교육 콘텐츠는 구입하여 사용할 수도 있다. 장기적인 관점에서 보면, 창업자가 직접 개발하는 콘텐츠를 지속적으로 증가시키는 것이 필요하다.

창업 아이템 70

물 관련 제품판매 창업

(1) 창업아이템의 개요

수돗물을 정수시키는 장치를 판매하거나 건강에 도움이 되는 다양한 물을 판매하는 창업아이템이다. 환경이 오염되면서 가정에 공급되는 수돗물을 조금 더 깨끗하게 정수시켜 마시고자 하는 소비자들이 증가하고 있으며, 물을 구입하여 마시는 고객들의 증가에 따라 물 관련 창업도 점차 증가하게 될 것으로 전망된다.

한편, 미국의 뉴욕 이스트빌리지(East Village)에는 정수된 수돗물만 파는 이색 카페가 있는데, 이 카페에 가면 돈을 내고 물만 실컷 마실 수 있다. 카페 이름은 몰레큘 카페(Molecule Cafe)다. 물 한 병 값은 2.5달러로 싸지도 않지만, 뉴욕에서 큰 인기를 끌고 있다(헤럴드경제, 2013.9.11).

(2) 창업성공사례 및 관련 사이트

미네르바(www.minervashop.net)에서는 녹물, 소독성분, 중금속 성분 제거 기능이 있는 주방용 정수시스템, 욕실용 정수시스템(연수기), 기능성샤워기, 녹물제거필터 등을 판매하는 오프라인 및 온라인 창업을 지원하고 있다. 워터365(water365.co.kr)에서는 프리미엄 생수, 탄산수, 심층 해양수 등 다양한 종류의 물을 판매하는 자판기를 생산하여 창업자들을 지원하고 있다. 또한 수정미인(crystalhelp.kr)에서는 물의 기본형질을 미네랄 육각수로 바꾸어 주는 수정파동 육각수 정수기를 개발하여 판매하고 있다.

(3) 핵심 성공요소 및 준비사항

① 정수되지 않은 수돗물과 정수된 수돗물 간의 차이를 분명하게 확인할 수 있도록 시음회를 개최하는 등 소비자를 대상으로 하는 적극적인 마케팅을 전개해야 한다.

② 유동인구가 많은 지역 혹은 직장인들이 많은 지역에 자판기를 설치하는 것이 좋으며, 이를 위해 건물주와의 협의를 거쳐 수익을 일정 비율로 배분하는 것도 좋다.

③ 대단지 아파트의 경우에는 특정 세대에 제품을 설치하고, 주민들이 직접 확인할 수 있는 기회를 제공하는 것이 필요하다. 특히 신규 입주 아파트에 설치하면, 홍보 효과가 클 수 있다.

④ 미국에서 인기를 끌고 있는 워터카페가 국내에서 정착되기에는 아직은 이른 감이 있지만 머지않아 국내에서도 등장할 것으로 예상된다. 예를 들어, 다양한 건강음료 및 차를 판매하면서, 각종 영양 성분이 함유된 웰빙워터를 공급함으로써 대중에게 더 친밀하게 접근해 나아간다면 충분히 시장성이 있을 것으로 판단된다.

창업 아이템 71

공구 판매업 창업

(1) 창업아이템의 개요

산업용품, 용접기, 자동차정비공구, 작업공구, 목공기계, 측정공구, 절삭공구, 에어공구, 전동공구 등과 같은 DIY공구에서 산업공구까지 다양한 공구를 판매하는 창업아이템이다. 이러한 공구들은 가정에서 보다는 산업현장에서 사용하는 것들이 많으며, 공구를 판매하기 위해서는 공구의 종류 및 기능 등에 대한 전문적인 지식이 필요하다.

(2) 창업성공사례 및 관련 사이트

공구몰(www.toolmt.co.kr)에서는 인터넷쇼핑몰 혹은 벤더ID를 활용하여 창업을 할 수 있도록 지원하고 있다. 공구뱅크(www.09bank.co.kr), YATO공구(www.yato.co.kr), 툴매니아(www.toolmania.co.kr) 등 다양한 공구를 판매하는 사이트들을 벤치마킹하는 것도 신규 창업에 많은 도움이 된다.

(3) 핵심 성공요소 및 준비사항

① 공구 카탈로그를 제작하여 우편발송을 하거나 배포하는 것도 제

품의 판매뿐만 아니라 신규 제품의 입점에도 많은 도움이 된다.

② 공구의 종류가 너무 많기 때문에 1인 창업자들의 경우에는 특정 산업에서 필요로 하는 공구들만 전문화하여 판매하는 것이 좋다. 특히 가정에서 필요한 공구들만 별도로 진열하는 것도 좋을 것이다.

③ 공구뱅크(www.09bank.co.kr)와 같이 공동구매를 진행할 수도 있으며, 공구를 제조하는 기업에서 직접 상품을 등록하여 C-to-C (Customer-to-Customer) 형태의 전자상거래도 동시에 진행하는 것도 필요하다.

창업 아이템 72

경품게임기 창업

(1) 창업아이템의 개요

다양한 경품을 뽑을 수 있는 게임기를 활용한 창업을 말하는데, 이러한 경품게임기들은 주로 유동인구가 많은 지역의 점포 앞에 설치되어 있다. 최근 경품게임기에 대한 인기가 시들해지고 있지만, 일본, 중국 등 해외의 게임기를 점포 내부 혹은 외부에 설치하는 경우에는 어느 정도의 수익을 기대할 수 있다.

(2) 창업성공사례 및 관련 사이트

팝스몰(www.popsmall.co.kr)은 게임기, 아이스크림 자판기, 경품게임기, 인형뽑기 등의 창업을 지원하고 있으며, 리프트매니아(www.liftmania.co.kr)에서는 일본판 인형뽑기 창업을 지원하고 있다. 또한 플레이게임(www.play-game.co.kr), 게임25(www.game25.co.kr) 등에서도 다양한 종류의 경품게임기 창업을 지원하고 있다.

(3) 핵심 성공요소 및 준비사항

① 경품게임기를 설치하는 점포주와 게임기의 설치 및 수익의 배분

등에 대한 협의가 선행되어야 한다.

② 점포 영업시간 후의 관리에 대한 대책이 마련되어 있어야 한다. 특히 도난, 파손 및 고장에 대한 대책이 마련되어 있어야 한다.

③ 게임을 하는 고객들이 갖고 싶은 다양한 경품을 제공하는 것이 필요하다. 즉, 현재 대부분의 경품게임기들이 제공하는 경품들은 너무 싸구려 제품이거나 소장할 가치를 느끼지 못하는 경우가 많다는 것이다.

④ 점포 앞에 다양한 경품게임기를 설치하는 것은 점포에 대한 홍보뿐만 아니라 점포로 고객을 유입시키는 효과도 있기 때문에 점포의 성격에 맞는 경품게임기를 설치하는 것이 중요할 것이다.

창업 아이템

73 프랜차이즈 본사 및 중소기업 컨설팅 창업

(1) 창업아이템의 개요

프랜차이즈 본사들의 본사 설립 및 가맹점 모집, 중소기업에 대한 전문적인 컨설팅을 할 수 있는 창업아이템인데, 다양한 창업분야에 대한 성공적인 창업을 지원해 줄 수 있는 이론 및 실무지식을 갖춘 전문가들이 할 수 있는 아이템이다.

(2) 창업성공사례 및 관련 사이트

대한가맹거래사협회(www.fea.or.kr)는 공정거래위원회가 주관하는 가맹거래사 자격시험에 합격한 가맹거래사들의 단체이며, 프랜차이즈 본사 설립 및 가맹점 창업 등의 분야에서 창업컨설턴트로 활동하기 위해서는 가입하는 것이 필요하다. 소상공인진흥원(www.seda.or.kr)에서 주관하는 자영업컨설턴트 교육을 받으면, 자영업컨설팅 사업에 참여하여 소상공인들을 대상으로 창업컨설팅을 할 수 있다. 또한 중소기업을 대상으로 경영컨설팅을 하기 위해서는 ISO9001, ISO14001 인증을 위한 교육을 받고, 다양한 자격증을 취득하는 것도 필요하다.

(3) 핵심 성공요소 및 준비사항

① 창업관련 책을 집필할 수 있는 능력을 갖추어야 하며, 다양한 창업분야의 칼럼도 쓸 수 있어야 한다. 이를 위해서는 창업분야에서 다양한 경험을 쌓아야 하며, 인맥을 형성하고 교류활동도 해야 한다.

② 창업분야에서 필요로 하는 창업이론과 창업실무 능력을 갖추어야 하는데, 특정 분야에 한정하여 전문화시키는 것도 생각할 수 있다. 예를 들어, 외식업 창업분야의 컨설팅을 하는 사람들은 많이 있기 때문에, 제조기업 혹은 무역업 창업을 전문적으로 컨설팅할 수 있도록 준비하는 것도 좋을 것이다.

③ 창업관련 웹사이트 혹은 카페(cafe)를 운영하면서 창업교육 및 창업행사의 주최 등을 포함하여 다양한 창업관련 활동을 하면서 인지도를 높여야 한다.

창업 아이템 74

책 및 DVD 대여점 창업

(1) 창업아이템의 개요

어린이들을 위한 도서, 영어동화책을 대여하는 창업아이템이며, 무점포 창업이 가능한 아이템이다. 최근에는 단행본, 전집과 같은 책 외에도 영어비디오, DVD 등을 대여하는 사이트들이 증가하고 있는 추세이다.

(2) 창업성공사례 및 관련 사이트

웨이브오픈(www.waveopen.co.kr)에서는 영어 동화책 대여점 창업을 지원하며, 아이북스쿨(www.ibookschool.co.kr)에서는 도서대여 창업을 지원하고 있다. 또한 위드북(withbook.org), 북소리(booksory.co.kr), 리브피아(www.libpia.com), 리틀코리아(www.littlemom.co.kr) 등에서도 각종 도서를 대여하고 있는데, 신규 창업자들은 벤치마킹하는 것이 필요하다.

(3) 핵심 성공요소 및 준비사항

① 어린이들이 책을 읽은 후 글쓰기를 하도록 하고, 글쓰기를 지도

할 수 있는 능력을 갖추는 것이 필요하다. 즉, 단순한 도서 대여의 수준을 넘어 실제 책을 읽도록 지도하는 것이 필요하다.

② 영어의 경우에는 어린이들의 영어 수준을 평가할 수 있는 방법이 마련되어야 하며, 방문하거나 사이트에서 평가를 한 후에 어린이의 수준에 맞는 영어동화책이 대여되도록 하는 것이 필요하다.

③ 책을 어떻게 대여하고 회수할 것인가 하는 것을 생각해야 하는데, 창업자가 직접 방문할 수도 있으며 우체국 등 택배업체를 활용할 수도 있다.

④ 기존 책 대여점들은 주로 유아 및 어린이들을 대상으로 사업을 하였으나 향후에는 성인들을 대상으로 하는 다양한 도서 및 DVD 대여를 생각할 수 있다. 특히 거동이 불편한 장애인과 고령자들을 위한 도서들을 준비하는 것도 필요하다.

창업 아이템 75

하수구 악취차단 시공 창업

(1) 창업아이템의 개요

집안에서 사용한 하수는 배관을 통해 배수가 되는데, 배관에서 역류하는 공기를 통해 악취나 각종 벌레, 세균 등이 유입되어 악취가 발생하게 된다. 이러한 악취는 호흡기, 순환기, 소화기뿐만 아니라 정신상태에도 나쁜 영향을 미치게 된다. 이러한 악취를 차단시키는 것이 바로 하수구 악취차단 시공 창업이다.

(2) 창업성공사례 및 관련 사이트

아이트랩(www.itrap11.com)에서는 화장실, 싱크대, 하수구 등에서의 악취를 차단할 수 있는 아이트랩을 개발하였으며, 무점포 창업을 지원하고 있다. 네이버 지식쇼핑(shopping.naver.com)에서 '하수구 악취차단'을 검색하면 다양한 제품들을 볼 수 있는데, 이러한 제품들을 구입하여 시공방법만 배우면 누구나 창업이 가능하다. 또한, 욕실리폼 전문 기업인 바센(www.clkr.com)의 리사이클링 패키지를 활용하면 하수구에서 올라오는 냄새를 차단하는 배수로 교체 시공으로 욕실의 악취를 잡아 낼 수가 있는 장점이 있다(비즈플레이스, 2011.8.4).

(3) 핵심 성공요소 및 준비사항

① 제품을 판매할 뿐만 아니라 직접 현장에 가서 시공할 수도 있어야 한다.

② 제품을 구입한 고객들이 직접 시공할 수 있도록 디카와 포토샵을 활용하여 설명서를 만들거나 동영상(UCC)으로 시공방법을 촬영하여 제공하는 것도 필요하다.

③ 실내 환경개선 창업 혹은 청소용역업 창업과 함께 제휴하여 진행할 수도 있다.

창업 아이템 76

중고명품 판매업

(1) 창업아이템의 개요

국내 중고명품시장은 거래규모가 1조원을 넘어서고 있고 매년 두 자리수 이상의 성장률을 이어나가는 등 중고명품 판매업의 전망은 밝다고 할 수 있다(연합뉴스, 2010.12.13). 또한, 중고명품시장은 백화점 내 명품 예상 매출(2조 3,000억원)의 43%, 전체 명품시장 매출(5조원)의 25%에 이르는 만만치 않은 수준이다(서울경제, 2010.10.28).

(2) 창업성공사례 및 관련 사이트

고이비토(www.koibito.co.kr) 및 와이드몰(wide-mall.com)은 중고명품을 프랜차이즈 형태로 창업을 지원해 주는 전문회사이며, 점포 창업 외에 중고명품 인터넷쇼핑몰도 구축해 주고 있다. 특히 와이드몰에서는 전국에서 매일 인입되는 명품들을 예쁘게 촬영해 창업자의 쇼핑몰에 업데이트해주고, 창업자들은 쇼핑몰을 열심히 홍보해 매출을 올리게 되는 시스템이다. 쇼핑몰에 따르는 번거로운 업무들도 대신해준다. 상품포장, 배송, 상품촬영, A/S까지 모두 책임지고 와이드몰에서 진행하게 된다(머니투데이, 2014.2.7). 또한 전국 9개의 직영 매장과 인터넷쇼핑몰(www.gugus.co.kr)을 운영하는 중고명품 거래 부문 국내 1위 업체인 구구스(www.gugus.co.kr)는 11번가(www.11st.co.kr)에 '중고명품 전문관'을 개설하였으며, 일루쏘(www.u-illuso.com)에서도 중고명품을 판매하고 있다.

(3) 핵심 성공요소 및 준비사항

① 명품의 위탁 판매 및 매입 기능을 강화시켜 제품을 다양화시켜야 하는데, 이를 위해서는 소식지나 e-메일을 통해 회원들을 관리해야 한다.

② 판매한 중고명품에 대해서는 온라인으로 수리 신청을 받는 것이 필요하며, 동시에 택배로 물건을 보내면 수리 및 감정을 해주는 등의 서비스를 제공하는 것이 필요하다.

③ 개인과 개인이 중고명품을 거래할 수 있는 직거래 판매 사이트를 개설하는 것을 고려할 수 있는데, 진품 여부를 감정할 수 있는 기술이 있어야 한다. 직거래판매 사이트는 인터넷쇼핑몰의 형태로도 개설할 수도 있으나 경매방식(C-to-C)의 사이트가 더 좋을 것이다.

창업 아이템 77

소규모 외식창업

(1) 창업아이템의 개요

일반적으로 외식창업은 20~30평 규모의 점포가 있어야 하며, 혼자서도 할 수는 있으나 일반적으로는 1~2명의 종업원이 필요하다. 하지만, 소규모 외식창업은 무점포형, 테이크아웃형, 숍인숍 형태로 창업을 할 수 있으며, 1,000만원 전후의 자금으로도 창업이 가능하다는 장점이 있다.

(2) 창업성공사례 및 관련 사이트

한입찐빵(www.sc7800.kr)은 한입찐빵, 녹차한입찐빵, 호박한입찐빵, 솔잎한입찐빵, 한입옹심이, 왕만두와 물만두를 개발하여 이동차량형, 점포형 및 숍인숍(shop in shop) 창업을 지원하고 있다. 폭탄꼬치(www.tntccozi.com)에서는 꼬치, 수제소시지&핫도그, 컵닭, 토스트, 스파게티, 회오리감자, 떡볶이, 오뎅, 샌드위치 등을 보급형 및 점포형으로 창업할 수 있도록 지원하고 있다.

또한 꼬치리아(www.greenfd.com)에서는 바베큐 닭꼬치, 후라이드 닭꼬치, 닭가슴살꼬치, 치킨꼬치류 등을 숍인숍 혹은 점포형으로 창업할 수 있도록 지원하고 있으며, 꼬치친구(www.wooriggoji.com)에서는 꼬치메뉴, 간식메뉴, 떡볶이메뉴, 토스트메뉴, 햄버그/핫도그메뉴, 오뎅/계절메뉴 등으로 테이크아웃형 및 점포형 창업을 지원하고 있다.

아띠 칠곡면짬뽕밥에서는 짬뽕밥, 컵떡볶이, 컵떡국을 PC방, 당구장, 편의점, 낚시점 등에 납부하는 창업이며, 와플버거스틱은 회사에서 직접 개발한 와플버거스틱을 이용하여 소세지, 닭꼬치, 떡갈비 등 각종 꼬치종류의 제품과 각종 소스와 반죽을 도매로 판매영업점에 납품하는 아이템이다.

(3) 핵심 성공요소 및 준비사항

① 외식창업의 성공을 위한 3가지 요소라고 할 수 있는 맛, 서비스, 청결을 지킬 수 있도록 노력해야 한다. 특히 점포가 없는 외식창업의 경우에는 청결이 매우 중요한 요소가 될 수 있다.

② 특정 메뉴가 인기가 시들해지면, 손님 발길도 뚝 끊길 수 있다는 것을 생각하고 지속적으로 새로운 메뉴를 개발해야 한다. 이를 위해 소위 말하는 인기 점포를 탐방하여 벤치마킹하는 것을 게을리해서는 안 될 것이다.

③ 창업자가 직접 판매하지 않고 판매점을 모집하는 것도 좋은데, 판매점의 입지, 기존 메뉴와의 조화, 고객층에 대한 조사 등을 통해 최적의 판매점을 선정하는 것이 필요하다.

④ 소규모 외식창업은 점포형으로도 가능하며, 길거리 이동형 창업으로도 가능하다.

창업 아이템 78

스포츠게임 창업

(1) 창업아이템의 개요

스포츠게임(sports game) 창업은 스포츠와 게임을 융합시켜 하나의 창업아이템으로 만든 것인데, 야구, 축구, 농구 등 다양한 스포츠를 게임의 형식으로 개발할 수 있다. 아울러, 점포의 여유 공간에 스포츠 게임기를 설치하여 추가 수익을 창출할 수 있는데, 이로 인해서 점포의 홍보에도 도움이 될 수 있다.

(2) 창업성공사례 및 관련 사이트

나이스 피처에서는 야구 게임 등과 같은 체감형 액션 스포츠 게임기를 기발하여 보급하고 있으며, 게임조이(www.game-joy.co.kr)에서도 다양한 종류의 스포츠게임기를 제작하여 판매하고 있다. 또한 XGOLF 프로(www.xgolfpro.com), 골프마스터즈(www.golfmasters.co.kr) 등에서 판매하고 있는 스크린골프를 스포츠게임의 관점에서 생각하면, 점포의 자투리 공간에 설치할 수 있을 것이다.

(3) 핵심 성공요소 및 준비사항

① 오락기가 아니라 스포츠를 즐기면서 운동의 효과도 있는 게임기를 선택해야 하는데, 점포의 성격을 고려한 게임기의 선택이 필요하다. 예를 들어, 여성 의류를 판매하는 점포 입구에 어린이들을 대상으로 하는 스포츠 게임기를 설치하는 것은 곤란하다는 것이다.

② 설치 장소가 확보되어야 하는데, 점포 관련 비용과 수익을 꼼꼼하게 분석해야 한다.

③ 여러 장소에 설치해야 하는 경우에는 점포주와 협의하여 수익을 배분하는 것이 좋으며, 관리를 누가할 것인가에 대해서도 협의를 해야 한다. 또한 도난, 파손 등에 대해서도 대책을 마련해야 한다.

창업 아이템 79

창업정보 및 창업콘텐츠 사이트

(1) 창업아이템의 개요

소자본을 투자하여 수익을 창출할 수 있는 다양한 창업콘텐츠를 유료 혹은 무료로 제공하는 창업아이템이며, 가맹점 형태로도 창업이 가능하다. 창업콘텐츠는 텍스트, 이미지, 동영상(UCC) 등의 형태로 제공될 수 있는데, 국내에서는 유료 콘텐츠에 대한 선호도가 낮은 실정이다. 하지만, 설령 콘텐츠는 무료로 제공을 하더라도 창업자의 인지도 혹은 전문성을 기반으로 다양한 방법으로 수익을 창출할 수 있다.

(2) 창업성공사례 및 관련 사이트

프랜차이즈의 모든 것(www.gofc.kr)에서는 약 2,700개의 프랜차이즈 창업아이템을 업종, 가맹점 수, 창업비용에 따라 분류하여 자세한 정보를 제공하고 있다. 창업오케이닷컴(www.changupok.com)은 한국창업전략연구소가 운영하고 있는 창업콘텐츠 사이트로서, 창업뉴스, 창업정보, 프랜차이즈창업 등에 대한 정보들을 제공하고 있다. 또한 비전(www.bizion.co.kr)에서는 창업 아이디어들을 ① 패션, 미용, 건강, ② 게임, 엔터테인먼트, ③ 디자인, 미술, 음악, ④ IT, 모바일, 인터넷, ⑤ 친환경, 그린, 하우징, ⑥ 자동차, 운송, 배송, ⑦ 유아, 어린이, 청소년, ⑧ 여행, 레저, 라이프, ⑨ 마케팅, 광고, 출판, ⑩ 교육, 컨설팅, 금융, ⑪ 음식, 카페, 식당, ⑫ 소매, 도매, 유통, ⑬ 비영리, 기타 등 총 13개 카테고리로 나눠 제공해 예비창업자들이 편리하게 관심 분야의 정보를 찾아볼 수 있도록 하고 있다(이데일리, 2011.5.12).

(3) 핵심 성공요소 및 준비사항

① 창업 및 경영컨설팅과 연계하여 함께 진행할 수도 있다. 단순히 콘텐츠의 제공만으로는 만족할 만한 수익창출이 어렵기 때문에 컨설팅과 연계시키는 것이 필요하다.

② 독창적인 콘텐츠를 제공할 수 있는 능력을 갖추어야 하며, 몇 가지의 창업분야에 전문화된 정보와 콘텐츠를 제공하는 것도 좋다. 현실적으로 볼 때에 창업이라는 전체 분야에 대한 정보와 콘텐츠를 제대로 제공하는 것은 어렵다는 것이다.

③ 비록 창업정보와 창업콘텐츠는 무료로 제공하더라도 수익을 발생시킬 수 있는 다양한 방법들이 계획되어야 한다. 예를 들어, 정부지원 창업컨설팅 사업에 참여, 창업교육, 창업컨설팅, 점포 창업자들을 위한 입지선정과 상권분석 컨설팅 등이 가능할 것이다.

창업 아이템 80

출장영업 창업

(1) 창업아이템의 개요

고객이 존재하는 곳을 직접 방문하여 영업을 하는 창업아이템인데, 기존 영업과 유사한 개념이라고 할 수 있다. 즉, 창업자가 사무실을 벗어나서 고객이 존재하고 있는 장소들을 적극적으로 조사한 후에 직접 찾아가서 상품을 매입하거나 판매한다는 것이다.

(2) 창업성공사례 및 관련 사이트

리골드(www.sggold.co.kr)에서는 각종 귀걸이, 목걸이, 반지, 팔찌, 은수저, 금니 등을 고객을 직접 방문하여 매입하는 창업아이템이다. 먹는 산소(www.o2sanso.com)에서는 일본 바이오벤처기업 골드코산의 발명품인 타베루산소(먹는 산소)를 판매할 수 있는 창업을 지원하고 있다.

(3) 핵심 성공요소 및 준비사항

① 방문하고자 하는 고객의 특성에 대해 사전에 조사하고 분석하는 것이 필요하다. 즉, 출장영업의 경우에는 일회성이 아니라 지속적으로 매출이 발생할 가능성이 높기 때문에 고객에 대한 조사

가 반드시 선행되어야 한다.

② 상품 판매 후 A/S에 대해 신뢰할 수 있는 믿음을 줄 수 있어야 한다.

③ 판매하는 제품에 대해 잘 알고 있어야 하며, 유사 상품과의 차이점에 대해서도 충분히 숙지하는 것이 필요하다.

창업 아이템 81

이사 대행서비스 창업

(1) 창업아이템의 개요

가정 및 기업에서의 이사는 짐을 포장하는 것에서 시작하여 운반하고 정리하는 것뿐만 아니라 전입신고, 전학신고, 전화이전 신고, 우편물배달 이전신청 등 다양한 업무들이 수반된다. 또한, 이사 대행서비스는 이사 및 에어컨 이전, 청소서비스, 침대멸균 서비스, 도배 등 다양한 생활 서비스도 동시에 제공할 수 있는 창업아이템이다.

(2) 창업성공사례 및 관련 사이트

EJ무빙(www.ejmoving.co.kr) 및 에이치이사몰(www.h24mall.co.kr)에서는 가정이사, 기업이사, 해외이주 등을 지원해 주고 있으며, 특히 마무리이사(www.mamuri24.com), GS이사몰(www.gs24mall.com)에서는 이사서비스의 창업을 지원하고 있다.

(3) 핵심 성공요소 및 준비사항

① 기존의 포장이사 업체들과는 다른 전문적인 서비스를 제공하는 것이 필요한데, 청소서비스와 생활관련 서비스를 동시에 제공하

는 것도 필요하다.

② 작은 사무실 및 전화, 웹사이트만 있으면 창업이 가능한 아이템이다. 차량과 인력은 필요할 때마다 조달할 수 있기 때문이다.

③ 계약은 반드시 구두나 전화계약이 아닌 관인 계약서를 사용한 서면계약(또는 온라인계약서)을 하여 고객에게 믿음을 주어야 한다. 이를 위해서 서울보증보험(www.sgic.co.kr)의 보증보험에 가입하는 것도 생각할 수 있다.

④ "창업아이템 31. 화물 및 이사물 운송 중개서비스 창업"과 함께 진행하는 것도 가능할 것이다.

창업 아이템 82

리셀러 창업

(1) 창업아이템의 개요

리셀러(reseller)는 온라인 혹은 오프라인에서의 프리랜서(freelancer)라고도 할 수 있는데, 구매력을 가지고 있는 개인, 단체, 도소매상, 기업체 등에게 상품을 직접 판매하거나 특정 사이트를 소개하여 자신의 회원으로 등록시킨 후에 등록회원이 상품을 구매할 때마다 일정액을 커미션(수수료)으로 받는 창업자라고 할 수 있다.

(2) 창업성공사례 및 관련 사이트

도매토피아(www.dometopia.com)에서는 리셀러 창업자들에게 서브도메인을 무료로 제공하거나 상품이미지를 무료로 제공하여 오픈마켓이나 창업자의 인터넷쇼핑몰에 등록하여 판매할 수 있는 리셀러 창업을 할 수 있도록 해 주고 있다. 바이앤몰(www.bynmall.com)에서는 몰인몰(mall in mall) 혹은 소호몰의 형태로 리셀러 창업을 할 수 있도록 지원하고 있는데, 상품이미지를 제공하며 판매된 상품에 대한 배송도 대행해 준다. 또한 그린피플(www.green-people.net)에서는 인터넷쇼핑몰을 A타입(템플릿형), B타입(기본형), C타입(고급맞춤형)으로 구분하여 제작해 주고 있으며, 상품이미지를 제공받아 인터넷쇼핑몰을 제작할 수 있으며 상품공급 및 배송까지 대행해 주는 창업을 지원하고 있다.

(3) 핵심 성공요소 및 준비사항

① 상품이미지들을 제공해 주는 여러 회사들을 활용하면 전문쇼핑몰에서 종합쇼핑몰까지 창업자가 원하는 형태로 인터넷쇼핑몰을 제작할 수 있는데, 판매하는 상품에 대해 잘 알고 있어야 한다. 즉, 구매고객이 문의를 하는 경우에 충분히 설명할 수 있어야 한다.

② 인터넷쇼핑몰은 홍보와 키워드 광고를 통해 매출을 발생시킬 수 있다는 것을 생각해야 하며, 특히 다음(Daum), 네이버(Naver)에서의 다양한 광고방법에 대해 알고 있어야 한다.

③ 본사에서 배송을 대행하는 경우에 상품의 발송주소는 창업자의 주소로 해야 하며, 일부 상품의 경우에는 직접 배송할 수도 있다.

창업 아이템 83

전화 및 화상영어 창업

(1) 창업아이템의 개요

화상전화로 영어를 교육하는 창업아이템인데, 몇 년 전부터 활성화되고 있는 아이템이다. 영어 강사들은 주로 동남아 지역의 외국인들을 활용하고 있는데, 학생, 직장인, 주부 등이 주요 고객이라고 할 수 있다. 또한 2010년과 2011년에 '화상영어' 시장은 괄목할 만한 성장을 가져왔고, 영어 관련 종사자 및 영어 학습에 관심이 있는 소비자들은 '화상영어'는 생소한 학습법이 아닌 영어 학습의 대세로 자리 매김을 하고 있다(조세일보, 2011.5.26).

(2) 창업성공사례 및 관련 사이트

잉카폰(www.engcaphone.com), 위세너(www.withcenter.co.kr) 등에서는 저렴한 창업자금으로 화상영어 창업을 할 수 있는 시스템을 구축해 주고 있다. 또한 피커폰(www.pickupphone.co.kr)에서는 영어뿐만 아니라 중국어, 일어까지 공부할 수 있는 창업을 지원하고 있다.

(3) 핵심 성공요소 및 준비사항

① 외국어를 가르쳐 줄 강사들을 얼마나 잘 아웃소싱하는가 하는 것이 중요한 성공요소라고 할 수 있는데, 강사들의 이력을 살펴볼 필요가 있다.

② 수강생들에게 '영작 연습' 과 '영어 일기'를 쓰도록 해야 하며, 그것을 외국인 영어강사와 대화할 때에 사용하도록 하는 것이 필요하다. 즉, 영어로 생각하고, 직접 쓰고 또 말하고, 대화하도록 도와주어야 한다는 것이다.

③ 개인 수강생 외에도 단체 수강생의 모집에도 관심을 가져야 하는데, 특정 기관이나 단체를 대상으로 지속적으로 영업을 하는 것이 필요하다. 이를 위하여 2~4일 정도의 무료체험 행사를 개최하는 것도 도움이 된다.

창업 아이템 84

커피 자판기 창업

(1) 창업아이템의 개요

커피 자판기를 설치하여 커피를 판매하는 창업아이템이며, 기존 커피 전문점과 같이 별도의 점포가 필요하지 않다는 특징이 있다. 하지만, 최근 위생불량, 표시사항 미기재 등으로 인해 커피 자판기에 대한 불신이 증가되고 있는데(세계일보, 2011.6.15), 고객이 안심하고 이용할 수 있도록 청결하게 관리하는 것이 중요하다.

(2) 창업성공사례 및 관련 사이트

이지테크에서는 웰빙카페 자판기 창업을 지원하고 있는데, 커피는 물론 국산차의 판매를 통한 수익을 창출할 수 있다. 또한 애니카페(www.coffee24.co.kr)에서는 원두커피머신의 판매 및 렌탈, 그리고 무상임대 서비스도 제공하고 있으며, 워터스토리(www.waterstory.net), 넥스피(www.isaeco.co.kr), 키친아트플러스본사(www.kitchenartplus.kr) 등에서 커피자판기를 구입하거나 임대하여 창업할 수 있다.

(3) 핵심 성공요소 및 준비사항

① 커피 자판기에 대한 인기가 시들해지고 있다는 것을 감안하여 커피 외에 다른 음료를 함께 판매하는 것을 적극 고려해야 한다.

② 기존에는 주로 믹스커피를 판매하였지만 최근에는 원두커피 자판기에 대한 관심이 증가하고 있는 실정이다. 현재 머신용 원두커피 시장에는 롯데칠성음료 등 일부 업체가 진출해 있으나, 웅진식품이 렌털과 코디 개념을 도입하여 원두커피머신 렌털 사업에 나섰다(한국경제, 2011.4.24).

③ 자판기를 설치할 공간이 필요하며, 동시에 매일 관리를 해야 한다. 아울러 자판기의 도난 혹은 파손 등에 대해서도 신경을 써야 한다.

④ "창업아이템 41. 자판기 창업"과 함께 진행하는 것도 가능할 것이다.

창업 아이템 85

농수산물 판매업 창업

(1) 창업아이템의 개요

농산물과 수산물을 전문적으로 판매하는 창업을 말하며, 점포보다는 인터넷쇼핑몰 혹은 소셜커머스(social commerce) 형태로 판매하는 창업이 점차 증가하고 있다. 특히 농수산물은 생산지와 신선도가 상품의 가격과 판매를 결정하는 중요한 기준이 될 수 있기 때문에 제품을 안정적으로 공급받을 수 있도록 준비하는 것이 중요하다. 환경오염 및 환경파괴 등으로 인해 신선한 먹거리에 대한 관심이 크게 증가하고 있기 때문에 농수산물 판매업 창업은 관심을 가져볼 만한 창업아이템이다.

(2) 창업성공사례 및 관련 사이트

한국품앗이클럽(113korea.com)에서는 78,000원을 납부하면 다양한 농수산물을 판매하는 인터넷쇼핑몰을 개설해 주는데, 제품의 공급은 본사에서 대행하는 창업을 지원하고 있다. 장보고몰(e-jangbogo.com), 제주명품(www.jejumyungpum.com) 등에서는 농수산물을 인터넷쇼핑몰을 통해 판매하고 있으며, 헬로네이처(www.HelloNature.net), 지후

맘(www.jihumom.com) 등과 같이 농수산물을 소셜커머스의 방법으로 판매하고 있는 전자상거래 사이트들도 계속 등장하고 있는 실정이다.

(3) 핵심 성공요소 및 준비사항

① 국내산 농·축·수산물 전문 업체와만 제휴를 맺어 농수산물을 안정적으로 공급받을 수 있도록 하는 것이 중요하며, 농어민이 직접 배송할 수도 있다.

② 제품의 재배 및 생산과정을 직접 볼 수 있도록 웹캠(Web Cam)을 설치하거나 동영상(UCC)으로 제작하여 보여줄 수도 있을 것이다.

③ 도시 인근 지역의 농어촌과 제휴하여 고객들이 농수산물을 직접 재배하거나 양식하도록 지원할 수도 있으며, 농수산물의 생산 현장을 탐방하는 행사의 진행을 통해 제품의 판매량을 높일 수 있다.

창업 아이템 86

구인 및 구직사이트 창업

(1) 창업아이템의 개요

취업에 대한 경쟁이 어느 때보다 치열한 최근의 상황을 보더라도 구인 및 구직 사이트를 이용하는 사람들은 날로 증가할 것으로 예상된다. 특히 대학을 졸업한 20대의 취업보다는 직장에서 퇴직한 중장년층 혹은 시니어계층의 재취업을 지원할 수 있는 사업은 장기적으로 볼 때에 유망한 창업아이템이라고 할 수 있다.

(2) 창업성공사례 및 관련 사이트

갬콤(www.gemcom.co.kr)은 작은 웹사이트에서 출발하여 지금은 대구경북지역의 대표적인 구인구직사이트로 성장을 하였다. 개미인력개발(www.gaemi19.com)에서는 남성, 여성, 일용직 인력을 알선하는 창업을 지원하고 있다. 서울특별시 고령자취업알선센터(www.noinjob.or.kr), 대전광역시고령자취업알선센터(www.djsjc.or.kr) 등과 같이 고령자들의 구인구직을 지원하는 웹사이트들이 있는데, 이러한 사이트들의 운영방식과 수익모델들을 벤치마킹하는 것이 필요하다.

(3) 핵심 성공요소 및 준비사항

① 특정 산업의 구인구직사이트 창업과 같이 특화시키고 전문화시키는 창업도 생각할 수 있다. 예를 들어, 뷰티킹(www.beautyking.kr)은 최신 미용분야의 구인구직 정보를 제공하는 사이트로 운영하고 있다(정경뉴스, 2011.5.17). 1~2명의 인력으로 창업을 하는 경우에는 대형 구인구직사이트와의 경쟁은 불리하기 때문에 한두 가지의 분야로 특화시키는 것이 중요하다는 것이다.

② 포털보다 전문직에 대한 구인구직 사이트가 많이 검색될 정도로 온라인 구인구직 서비스 시장이 세분화 및 전문화되어가고 있는 추세인데(조선일보, 2011.4.29), 직종별, 업종별, 급여수준별, 지역별 등으로 전문화 및 세분화된 구인구직사이트의 개설을 고려하는 것도 필요하다.

③ 구인구직사이트는 유료 혹은 무료로 운영될 수 있는데, 어떤 기능을 유료화하고 어떤 기능을 무료로 운영할 것인가에 대해서는 기존 사이트들을 벤치마킹하는 것이 필요하다.

창업 아이템 87

대리운전 창업

(1) 창업아이템의 개요

대리운전 창업은 직접 대리운전을 하는 것이 아니라 대리운전회사의 전화번호를 홍보해 주고 일정 퍼센트(%)의 수익을 받는 창업아이템이다. 한국의 음주문화를 생각하면 대리운전의 이용은 꾸준히 증가하고 있는 실정인데, 대리운전 하루 이용 건수는 전국적으로 50만 건에 이르는 것으로 조사되고 있다(씨앤비뉴스, 2011.1.14). 이에 따라 다양한 방식의 대리운전 창업이 가능할 것으로 판단된다.

(2) 창업성공사례 및 관련 사이트

드라이버비즈(www.driverbiz.co.kr)에서는 대리운전 창업이 가능한데 창업비용이 무료라는 장점이 있다. 또한 815대리운전(815biz.kr), 한국머털테크(www.mutaltech.com)에서도 대리운전분야의 1인 창업을 지원하고 있다.

(3) 핵심 성공요소 및 준비사항

① 지역 정보를 제공하는 커뮤니티의 운영 혹은 다양한 외식업소와

의 제휴를 통해 대리운전 전화번호를 홍보하는 것이 좋다. 예를 들어, 특정 지역의 문화, 경제, 구인구직, 사회, 취미, 동호회 등에 관한 다양한 정보를 제공하는 웹사이트를 운영하면서 대리운전 전화번호를 동시에 홍보할 수 있다는 것이다.

② 9번을 이용할 경우에 10번째는 무료이용, 범칙금 100% 처리서비스 등과 같은 차별화된 서비스를 제공할 수 있도록 해야 한다.

③ 여성들에게는 여성 대리운전기사를 파견하는 등 여성과 노약자에게는 차별화된 서비스를 제공하는 것도 고려할 수 있다.

창업 아이템 88

교과목 교육사업

(1) 창업아이템의 개요

초등학생, 중학생 및 고등학생들의 주요 교과목에 대한 교육을 하는 창업이며, 홈스쿨 공부방형, 학원형, 온라인형 및 오프라인형 등의 형태로 창업이 가능하다. 교과목 교육사업은 많은 주부들이 홈스쿨 공부방형으로 창업을 하고 있는데, 컴퓨터와 인터넷을 활용한 온라인형이 크게 증가하고 있는 것도 생각해야 한다.

(2) 창업성공사례 및 관련 사이트

동아백점수학교실(100.educlub.com)에서는 무점포 창업이 가능한 수학공부방 창업을 지원하고 있는데, 동아백점수학교실은 가맹비 및 보증금이 무료라는 장점이 있다. 아이와 미래(www.iwamirae.co.kr)에서는 공부방형의 창업을 지원하고 있으며, 해피한스쿨(www.ehappyhan.co.kr)에서는 초·중·고등학생 전과목에 대한 동영상 강의 및 문제은행 중심의 개인별 맞춤학습이 가능한 창업을 지원하고 있다.

토킹클래스(cestalkingclass.co.kr)에서는 말하면서 동시에 쓰는 영어교육에 대한 창업을 지원하고 있으며, 켈스(www.kels.co.kr)에서는 영어전문학원 창업을 지원하고 있다. 시사주니어(www.sisajunior.com)에서는 영어와 수학의 홈스쿨 창업을 지원하고 있다.

(3) 핵심 성공요소 및 준비사항

① 본사의 인지도가 창업성공의 중요한 요소가 될 수 있으며, 콘텐츠의 내용에 대해서도 점검을 하는 것이 필요하다.

② 창업자가 직접 동영상강좌를 UCC(User Created Contents) 형태로 제작하는 것도 좋은데, 다음(Daum)의 팟인코더(tvpot.daum.net/application/PotEncoder.do)를 활용하여 용량을 줄이거나 편집을 하면 된다.

③ 다음(Daum)과 네이버(Naver)에 카페(cafe)를 개설하여 질문과 답변, 보충자료 등을 제공하는 것도 필요하다.

④ "창업아이템 38. 홈스쿨 창업"과 함께 진행하는 것도 가능할 것이다.

창업 아이템 89

의류 대여점 창업

(1) 창업아이템의 개요

최근 다양한 분야에서 대여점을 활용하는 현명한 소비자들이 점점 늘고 있다. 파티나 클럽문화의 확산으로 마땅히 입을 의상을 찾지 못하는 소비자들은 파티 의상처럼 필요하긴 하지만 구입하기에는 부담스러운 아이템들을 저렴한 가격에 대여할 수 있어 좋으며, 면접이나 취업을 준비하는 여성들도 정장 아이템들을 합리적인 가격에 대여해 입는 알뜰 풍조가 유행이다(세계일보, 2009.3.6).

이에 따라 의류를 일정 기간 대여하는 창업은 점차 증가할 것으로 전망된다. 남성의 경우에는 양복 그리고 여성의 경우에는 한복의 대여가 유망할 것으로 판단되는데, 다만 유행에 민감하지 않은 의류의 대여업을 생각해야 한다.

(2) 창업성공사례 및 관련 사이트

안근배한복대여(hanbokrent.kr)에서는 신랑한복, 신부한복, 어머니 한복을 대여해주는 창업을 지원하고 있다. 또한 스타일 여성의류 대여점(blog.naver.com/style4466), 체인지레이디(www.changelady.net), 엔

지오(www.ngo-dress.com) 등의 사례들이 있는데, 대여하는 의류의 종류, 비용 및 기간 등에 대해 충분히 벤치마킹을 하는 것이 필요하다.

(3) 핵심 성공요소 및 준비사항

① 면역력이 약한 사람들에게 피부질환이나 호흡기 질환을 일으킬 수 있는 세균 및 각종 병원성 세균들에 대한 처리를 깔끔하게 한 후에 대여를 해야 한다.

② 경험이 쌓이면서 의류 외에 다양한 제품들을 추가하는 것도 필요한데, 유아·아동용품, 도서, 스포츠용품, 노인복지용품 대여 등을 고려할 수 있다(노컷뉴스, 2011.4.19).

③ 일반 고객들이 대여하고 싶은 다양한 상품들을 직접 등록하도록 하고, 수익을 배분하는 방식의 대여몰에 대한 개발 및 운영도 생각할 수 있을 것이다. 이것은 하나의 인터넷쇼핑몰에서 운영할 수도 있으며, 몰앤몰(Mall & Mall) 방식으로 개발하여 운영할 수도 있다.

창업 아이템 90

아르바이트 및 투잡스 정보제공업 창업

(1) 창업아이템의 개요

세계적으로 경기회복이 느리고 국내 경제 또한 예상보다 빠르게 회복되지 못하고 있는 상황에서 조기퇴직자 또한 계속해서 증가하고 있는 상황이다. 이러한 시점에서는 본업 외에 다양한 형태의 투잡스(two jobs)를 원하는 사람들이 늘어나게 되는데, 서울경제신문과 백상경제연구원이 실시한 직장인 의식조사에서도 직장인들의 71.7%(매우 필요 22.7%, 조금필요 49%)가 부업, 즉 세컨잡(투잡)에 대한 필요성을 느끼고 있다고 응답하였다(서울경제, 2004.8.9).

또한 높은 청년실업률로 인해 일자리를 찾지 못한 졸업생들의 아르바이트 구인구직 사이트 방문이 급증하고 있는 추세에 맞추어서, 아르바이트 구인구직 사이트 개설이 꾸준히 증가하고 있는 실정이다(조선일보, 2011.5.3). 이에 따라 아르바이트 및 투잡스 정보에 대한 수요가 꾸준히 증가될 것으로 전망된다.

(2) 창업성공사례 및 관련 사이트

알바위즈(www.albawiz.com), 알바천국(www.alba.co.kr), 알바몬(www.albamon.com), 알바포인트(www.albapoint.com), 삐삐알바(www.bbalba.com)에서는 지역별 알바정보, 역주변 알바정보, 급여별 알바정보 등으로 세분하여 다양한 아르바이트 정보를 제공하고 있으며, 투잡스(www.2jobs.co.kr)에서는 다양한 투잡스 정보를 제공해 주고 있다. 오케이투잡(www.ok2job.co.kr)에서는 인터넷에서 수익을 창출할 수 있는 다양한 정보를 제공하는 정보몰 창업을 지원하고 있다.

(3) 핵심 성공요소 및 준비사항

① 개인적 · 경제적 특성을 고려하여 아르바이트 및 투잡스의 유형과 방법을 선택할 수 있도록 정보들을 분류하거나 검색할 수 있도록 하는 것이 필요하다. 즉, 정보들의 일방적인 나열보다는 개인적인 성향에 맞추어 선택할 수 있도록 지원해야 한다는 것이다.

② 투잡스를 원하는 직장인들의 경우에는 향후 창업을 생각하는 경우가 많기 때문에 창업컨설팅을 할 수 있는 능력과 자질을 갖추는 것이 필요하다. 이를 위해서는 창업서적을 많이 읽거나 창업설명회 및 교육에 참석하는 것도 필요하며, 창업관련 단체에 가입하여 활동하는 것도 중요하다. 아울러, 창업이론뿐만 아니라 창업실무를 잘 알고 있어야 한다.

③ 사이트에서 제공하는 정보의 신뢰성을 검증한 후에 등록하는 것이 필요한데, 이를 위해 1차 등록된 정보들을 창업자가 직접 점검한 후에 최종 등록이 되도록 하는 기능을 갖추는 것도 필요하다.

창업 아이템 91

점포정보 제공업 창업

(1) 창업아이템의 개요

창업자들에게 점포에 대한 정보를 제공함과 동시에 점포에 적합한 창업아이템의 추천까지 대행할 수 있는 창업아이템이다. 즉, 전국에 있는 매물 점포에 대한 정보를 수집한 후에 지역별, 업종별, 창업자금별, 상권별로 분류하여 임대할 수 있는 점포정보를 제공할 수 있다.

(2) 창업성공사례 및 관련 사이트

점포라인(www.jumpoline.com), 상가114(www.sangga114.co.kr)에서는 창업할 업종 혹은 창업자금별 점포에 대한 정보를 제공하고 있으며, 대구넷(cafe.daum.net/bujaok)에서는 대구지역의 매물 점포에 대한 정보를 제공함은 물론 점포 홍보를 위한 동영상(UCC) 제작 및 등록도 대행하고 있다.

(3) 핵심 성공요소 및 준비사항

① 상권분석 및 입지선정에 대한 전문적인 이론 및 실무지식을 갖추어야 하는데, 소상공인진흥원에서 제공하고 있는 상권정보시

스템(sg.smba.go.kr)을 활용하는 것도 도움이 된다.

② 부동산중개소와의 제휴를 통하여 다양한 점포에 대한 정보를 획득할 수 있으며, 점포 계약 후 점포의 홍보를 위한 동영상(UCC) 제작을 비롯하여 다양한 홍보를 지원함으로써 추가적인 수익을 확보할 수 있다.

③ 부동산중개소와의 차별적인 서비스를 제공할 수 있어야 하는데, 결국 상권분석 및 입지선정에 대한 실무지식을 갖추어서 창업자들의 아이템에 적합한 점포를 추천할 수 있어야 할 것이다. 또한 점포에 맞는 홍보 및 광고 전략에 대한 노하우도 제공할 수 있어야 한다.

④ 점포의 계약과 관련된 법률의 내용도 잘 알고 있어야 하는데, 2002년 11월부터 시행되고 있는 '상가건물임대차보호법'이 대표적인 법률이다(김영문, 2009). 상가건물임대차보호법은 임대인에 비해 상대적으로 약자인 영세상인들이 안정적으로 생업에 종사할 수 있도록 지난 2001년 12월 29일 제정되어 2002년 11월 1일부터 시행하고 있는데, 임차인의 권익보호를 위한 내용들이 포함되어 있다.

⑤ 전국적인 매물점포에 대한 정보를 특정 지역에서 전부 조사하여 제공하는 것은 거의 불가능하기 때문에 지역별로 대리점 혹은 가맹점을 모집하는 것이 필요하며, 지역별로 생활정보지(교차로, 벼룩시장 등) 및 지역신문의 매물정보를 활용하는 것도 도움이 될 것이다.

창업 아이템 92

온라인 게임사이트 창업

(1) 창업아이템의 개요

인터넷이 발전하면서 크게 성장하고 있는 분야 중의 하나가 바로 온라인 게임사이트라고 할 수 있으며, 현재 국내 전체 게임시장의 규모는 10조원이나 된다(헤럴드경제, 2013.2.14). 이에 따라 최근에는 개발된 온라인 게임사이트들을 가맹점 형식으로 제공하여 무점포 1인 창업을 할 수 있도록 지원하는 회사들이 속속 등장하고 있다.

(2) 창업성공사례 및 관련 사이트

현재 국내에서는 한게임(www.hangame.com), 넷마블(www.netmarble.net), 피망(www.pmang.com), 넥슨(www.nexon.com) 등 다양한 게임사이트들이 있는데, 게임사이트를 창업하기 전에 이러한 게임사이트들을 벤치마킹하는 것이 필요하다.

(3) 핵심 성공요소 및 준비사항

① 게임사이트들이 어떻게 수익을 창출하고 있는가에 대해서 조사하고 분석해야 하는데, 기본적으로는 광고 혹은 아이템 판매를

중심으로 수익창출을 하고 있는 실정이다. 예를 들어, 우리나라 에서 한 해 거래되는 게임아이템 규모는 약 1조 5,000억원에 달한다(헤럴드경제, 2013.2.14).

② 네티즌들이 선호하는 게임들을 제공하는 것이 중요한데, 그것에 대해서는 먼저 시장조사를 하는 것이 필요하다.

③ 불법적이거나 비도덕적인 게임들도 있음을 생각해야 하며, 게임 사이트를 오픈하기 전에 반드시 선별해야 한다.

④ 게임사이트들을 어떻게 홍보하고 광고할 것인가를 계획해야 하는데, 일반적인 웹사이트 혹은 인터넷쇼핑몰과는 다른 방법으로 홍보하고 광고를 진행해야 한다.

창업 아이템 93

건강기능식품 및 건강식품 전문점 창업

(1) 창업아이템의 개요

최근 건강에 대한 관심의 증대로 건강에 도움이 되는 식품의 판매가 증가하고 있는 실정이다. 이에 따라, 먼저 건강기능식품과 건강식품의 차이에 대하여 알고 있어야 하는데, 건강기능식품이란 몸에 유용한 기능성을 지닌 원료나 성분을 사용해 식품의약품안전청(식약청)으로부터 엄격한 심사과정을 통해 그 기능성과 안전성을 인정받아 제조 및 가공된 식품을 말한다(세계일보, 2011.5.9). 이에 반하여, 건강식품은 전통적으로 건강에 좋다고 여겨져 널리 섭취돼 온 식품으로, 식약청의 과학적인 검증과정을 통과한 제품이 아니므로 제대로 구별해야 한다.

(2) 창업성공사례 및 관련 사이트

정일품홍삼(www.hongsam114.co.kr)에서는 홍삼제조기를 구입하여 창업을 할 수 있도록 지원하고 있다. 굿썸(www.goodsome.com), 약이본가(www.yakeibonga.com), 비타하우스(www.vitahouse.co.kr) 등에서도 건강기능식품과 건강식품 전문점의 창업을 지원하고 있다. 태평선식(www.sunsik.com)은 곡물을 이용한 선식창업을 지원하고 있다.

(3) 핵심 성공요소 및 준비사항

① 식약청에서 인정한 제품에만 '건강기능식품'이란 표시를 할 수 있고, 건강기능식품 인정마크를 부착할 수 있다. 따라서, 제품을 도매로 구입하기 전에 제품의 포장에 '건강기능식품'이라는 문구와 함께 인정마크의 표시가 있는지를 반드시 확인해야 한다.

② 건강기능식품의 경우에는 제품 기능정보 표시뿐 아니라 TV, 라디오, 신문, 인터넷, 인쇄물 등에 광고할 때에도 한국건강기능식품협회로부터 표시·광고에 대해 사전심의를 받아야 한다(세계일보, 2011.5.9).

③ 건강기능식품에 관한 법률 제13조 2항의 규정에 의거 건강기능식품의 제조업자, 영업자 등은 한국건강기능식품협회(www.hfood.or.kr)에서 법정교육을 받아야 한다.

④ 제품의 생산자, 생산과정 등을 자세하게 제공하여 신뢰를 얻을 수 있도록 하는 것이 중요할 것이다.

창업 아이템 94

음식 배달업 창업

(1) 창업아이템의 개요

다양한 음식을 고객이 있는 곳까지 배달해 주는 창업아이템이며, 한국의 음식문화를 고려할 때에 대중성이 있는 창업아이템이라고 할 수 있다. 다만, 현재의 음식 배달업은 치킨, 피자, 분식, 중식 등 일부 메뉴에 한정되어 창업을 하고 있는 실정이다. 하지만, 소득수준이 점점 높아지고 있는 상황을 고려하면, 고급 음식들의 배달업도 각광을 받을 것으로 전망된다.

(2) 창업성공사례 및 관련 사이트

국배달닷컴(www.gukbedal.com)에서는 맛있는 국, 얼큰한 찌개 및 된장, 탕 및 전골류, 찜 및 불고기, 인삼 삼계탕, 맛있는 쌀밥 등을 배달해 주는 창업을 지원하고 있다. 그 외에도 명가아침(emyungga.com), 에이엠푸드(www.amfood.co.kr), 더푸드(www.ithefood.co.kr) 등의 다양한 음식 배달업의 창업사례들이 있다.

(3) 핵심 성공요소 및 준비사항

① 분식, 짜장면 등 일부 아이템에만 국한되던 음식 배달문화를 고품격 메뉴와 특화된 서비스로 가정이나 사무실 등 원하는 장소로 직접 배달이 가능하도록 준비하는 것도 필요하다. 예를 들어, 스쿨스토어(www.schoolstore.co.kr)에서는 패밀리레스토랑에서 볼 수 있었던 프리미엄 메뉴를 24시간 배달하는 창업으로 월 매출 3억 원을 달성하였다(독립신문, 2011.1.25).

② 소비자 취향에 따라 차별화된 메뉴를 구성하는 것이 필요한데, 성별·연령별 등을 고려하여 목표로 하는 시장에 초점을 맞추어서 메뉴를 짜야 한다. 예를 들어, 노인 소비자들을 집중 공략하는 경우에는 노화에 따른 식사 기호의 변화나 필요한 영양소의 변화를 세심하게 고려하여 메뉴를 짜야 한다는 것이다(동아일보, 2010.4.15).

③ 음식을 배달하면서 생필품의 구매대행 서비스까지 제공한다면, 단골고객의 확보는 물론 매출 상승을 기대할 수 있다. 이를 위하여 음식배달 사이트에 생필품 목록을 추가하여 제공하는 것도 좋을 것이다.

창업 아이템 95

창업교육 및 창업행사

(1) 창업아이템의 개요

예비창업자들을 대상으로 다양한 주제의 창업교육 및 창업행사를 개최함으로써 매출을 올리는 창업아이템이다. 창업교육은 창업의 모든 분야를 대상으로 이론 및 실습교육을 진행할 수 있으며, 창업행사는 국내 혹은 국외지역을 대상으로 진행할 수가 있다. 특히 창업행사는 도매시장에 대한 탐방, 성공한 창업자들과의 교류 및 인맥형성 행사, 창업박람회 참관 등 다양하게 진행할 수 있다.

(2) 창업성공사례 및 관련 사이트

글로벌셀러아카데미(www.gsa.re.kr)에서는 해외구매대행에서부터 이베이, 라쿠텐, 타오바오 등 해외 오픈마켓을 활용하여 상품을 판매하는 전문 셀러를 양성하는 창업교육 사업을 하고 있으며, 창업길라잡이(cafe.daum.net/isoho2jobs)에서는 매달 다양한 창업교육을 진행하고 있다. 또한 일본창업연구소(cafe.naver.com/limdk325)에서는 일본 소호무역에 관한 설명회 개최 및 일본 보따리무역에 대한 연수 등을 통해 매출을 올리고 있으며, 상인창업센터(cafe.daum.net/xq)에서는 국내 3대 도매시장이라고 할 수 있는 동대문, 남대문, 화곡동 도매시장에 대한 탐방행사를 진행하고 있다.

(3) 핵심 성공요소 및 준비사항

① 창업칼럼, 창업책 등을 집필할 수 있는 이론 및 실무 능력이 있어야 하며, 창업교육을 진행할 수 있는 강의능력이 필요하다.

② 언론홍보를 통해 창업자의 인지도를 높여야 하고, 이를 통하여 창업자의 사이트가 자연스럽게 홍보되도록 하는 것이 필요하다.

③ 다음(Daum)과 네이버(Naver)에서 카페(cafe)를 개설하여 예비창업자들을 모집하는 것이 필요하며, 여러 카페와의 제휴를 통하여 상호 홍보를 하는 것이 필요하다. 즉, 창업카페들이 동맹을 맺어 일주일에 한 번 정도는 다른 동맹카페가 개최하는 창업교육 및 행사를 전체 메일을 통해 상호 홍보를 해 주는 것을 말한다.

창업 아이템 96

헤드헌터 창업

(1) 창업아이템의 개요

헤드헌터(head hunter)는 헤드헌팅과 커리어컨설팅(career consulting)을 하는 사람을 말하는데(코리아브레인(www.koreabrain.com)), 개인에게는 경력 개발의 기회를 제공하고 기업에게는 적합한 인재를 공급하는 일을 하는 사람을 말한다. 헤드헌터 창업은 무점포 혹은 1인 창업의 형태로 시작할 수 있다는 장점이 있다.

(2) 창업성공사례 및 관련 사이트

코리아브레인(www.koreabrain.com)에서는 헤드헌팅에 대한 교육을 하고 있으며, 헤드헌팅 분야의 창업을 하고자 하면 HRKOREA(www.hrkorea.corea.corea.co), 에이치알맨파워그룹(www.hrman.co.kr) 등의 헤드헌팅 전문 기업들을 벤치마킹하는 것이 필요하다.

(3) 핵심 성공요소 및 준비사항

① 헤드헌팅(혹은 서치펌) 기업은 진입장벽이 낮아 경쟁업체들이 난립하고 있기 때문에 특정 업종에만 특화한 전문 헤드헌팅 회사

를 창업하는 것이 중요하다. 예를 들어, 나우팜컨설팅을 경영하는 최낙우 대표는 시그네틱스코리아, 훼어차일드코리아, UIP코리아 등 외국계 기업에 근무한 데 이어 14년간 제약업계에 몸담은 이력을 바탕으로 제약 전문 서치펌(헤드헌팅)을 창업하였다(파이낸셜뉴스, 2011.5.23).

② 일반적으로 헤드헌터의 인맥을 통해 인재를 구하는 경우가 많기 때문에 '네트워크 비즈니스'의 성격이 강하다고 할 수 있으며, 헤드헌터 창업자는 평소에 인적 네트워크의 구축 및 관리에 신경을 써야 한다(조선일보, 2011.5.16).

③ 직업 상담사 과정이나 코칭 과정 등의 강의를 꾸준히 듣고, 사회의 흐름이나 글로벌 트렌드를 잘 읽을 줄 알아야 한다.

창업 아이템 97

실버용품 전문점

(1) 창업아이템의 개요

고령화 사회에서 꼭 필요한 실버용품을 판매하는 창업아이템이며, 실버용품에 대한 수요는 실버산업의 성장률을 보더라도 지속적으로 증가할 것으로 예상된다. 대한상공회의소 2010~2020년 실버산업 연평균 성장률 전망 자료에 따르면, 의료기기에서 실버산업 성장률이 12.1%로 기존산업 11%를 앞지르고 있다. 정보 분야에서는 25.1%로 기존산업 성장률 5%를 크게 상회하는 것으로 나타났다(이투데이, 2011.2.22).

(2) 창업성공사례 및 관련 사이트

이레나(www.irena.co.kr)에서는 복지용구, 보장구, 의료용품 등을 무점포형, 점포형, 점포인테리어형으로 구분하여 창업을 지원하고 있다. 실버365(http://www.silver365.co.kr)에서는 건강측정용품(혈압계, 혈당측정기, 체온계 등), 생활건강용품(틀니소독기, 효도화, 안마기), 생활편의용품(증폭전화기, 돋보기) 등과 같이 생활건강에 관련된 상품과 보행보조용품(휠체어, 보행 보조차, 지팡이), 배변간병용품(성인용 기저귀, 간병

침대), 목욕보조용품(목욕의자, 목욕안전용품) 등과 같이 독립생활이 어려운 분들에게 필요한 보조용품을 판매하고 있으며(한겨레, 2011.2.16), 오프라인 및 온라인 가맹점 창업도 지원하고 있다. 실버용품 전문브랜드 '100세동안'(www.100age.co.kr)은 대웅제약의 계열사로 2010년 7월 1일부터 프랜차이즈사업을 시작했으며(이투데이, 2011.2.22), 오프라인 가맹점 창업을 지원하고 있다.

(3) 핵심 성공요소 및 준비사항

① 실버용품들은 대부분 다품종·소량으로 소비되기 때문에 제품 구성력이 매장 활성화를 좌우할 수 있다. 그렇기 때문에 관련 업계의 정보를 다양하게 빠르게 입수하는 것이 중요하며, 인터넷 쇼핑몰을 함께 운영하는 것도 매출에 큰 도움이 될 수 있다(비즈플레이스, 2010.2.3).

② 실버용품의 판매뿐만 아니라 건강관련 정보, 여가 활용 및 레저 정보의 제공 등 노인들이 필요로 하는 다양한 서비스를 제공하는 것이 필요하다.

③ 온라인 및 오프라인에서 제품을 판매할 때에는 단순히 택배회사를 이용하기보다는 고객의 집까지 직접 배달하는 것은 물론 제품의 사용방법에 대한 교육 서비스를 친절하게 제공하는 것이 필요하다.

④ 요양보호사 혹은 사회복지사를 채용하여 노인들을 위한 전문적인 서비스를 제공하는 것도 고객의 확보 및 매출 증대에 많은 도움이 될 것이다.

창업 아이템 98

스마트폰 및 앱을 활용한 창업

(1) 창업아이템의 개요

스마트폰(smart phone)은 단순한 전화기의 기능을 넘어 인터넷 접속이 편리하면서 수백여 종의 다양한 애플리케이션(응용프로그램)을 사용자가 원하는 대로 설치하여 활용할 수 있다는 장점이 있다. 즉, 스마트폰은 단순히 전화기의 기능을 넘어서 인터넷 접속을 통한 다양한 형태의 전자상거래 창업이 가능하다는 것이다.

(2) 창업성공사례 및 관련 사이트

배달의 달인(구글플레이)에서는 스마트폰에 애플리케이션을 다운 받아 음식을 주문하면 주문서가 해당 식당의 단말기로 자동 출력이 되도록 하고 이를 통해 수익을 발생시키는 창업을 지원하고 있다. SBS 아카데미컴퓨터아트학원(www.sbsart.com)에서는 스마트폰 앱 개발을 위한 교육과정을 운영하고 있으며, 에스소프트(www.s-soft.co.kr/smart)에서는 스마트폰 앱을 개발해 주고 있다.

(3) 핵심 성공요소 및 준비사항

① 음식을 배달하는 창업의 경우에는 다양한 외식업소들과 제휴를 맺어 주문내역이 출력되는 단말기를 다양한 외식업소에 설치하는 것이 중요하다. 즉, 고객의 입장에서 보면 주문이 가능한 외식업소 및 메뉴가 다양해야 적극적으로 이용한다는 것이다.

② 다양한 애플리케이션(응용프로그램)을 개발하고 많은 스마트폰 사용자들이 다운 받아 사용하도록 적극적인 홍보를 해야 한다. 아울러, 카카오톡(KakaoTalk) 혹은 트위터, 페이스북 등의 소셜 네트워크 서비스(Social Network Service: SNS)를 활용하여 소셜커머스(social commerce)로 발전시킬 수도 있다.

③ 애플리케이션(응용프로그램)은 직접 개발할 수도 있고 외주 개발을 할 수도 있는데, 중요한 것은 기존 애플리케이션(응용프로그램)들의 수익성에 대해 사전에 조사하고 분석하는 것이 필요하다.

창업 아이템 99

위탁경영 창업

(1) 창업아이템의 개요

위탁경영 창업은 크게 두 가지의 방식으로 진행할 수 있다. 첫째, 프랜차이즈 본사에서 창업에 대한 전문적인 경험이 부족한 창업자 혹은 기타 회사로부터 점포 혹은 온라인 전자상거래 사이트 등을 위탁받아 운영을 하고 매출 혹은 이익의 일정 비율을 받는 것을 말한다. 이러한 위탁경영을 희망하는 세대는 40~50대층이며, 이들은 자금에 대한 여유는 있지만 실질적인 창업에 대한 경험은 부족한 세대라고 할 수 있다(머니투데이, 2011.5.6). 둘째, 특정 업종 혹은 아이템에 대한 창업 및 경영 경험이 풍부한 1인 창업자가 점포 혹은 온라인 사이트를 위탁받아 경영하고 매월 일정수익을 받을 수 있는데, 이러한 창업은 자금이 필요하지 않다는 장점이 있다.

(2) 창업성공사례 및 관련 사이트

강북자판기(www.gbjapangi.com)에서는 커피자판기, 캔, 슬러시, 아이스크림 자판기를 위탁운영하고, 일정수입금은 장소제공자(사)와 이익을 배분하는 창업을 하고 있다. 또한 쌈촌(www.ssamchon.com)에서는 창업비용을 투자자가 전액 혹은 본사와 일정비율로 분담하고 본사가 직접 투자점포 운영을 통해 수익을 창출하며, 투자자는 투자원금 보장과 동시에 매월 고정 또는 일정 비율에 따른 이익금을 배당받는 창업을 지원하고 있다. 자바시티코리아(www.javacity.co.kr)에서는 '완전 부재형 위탁경영'이 가능한 시스템을 개발하였으며, 투자자는 투자만 할 뿐 커피전문점 매장의 영업과 관리 등 모든 부분을 본사에서 위탁경영 형식으로 대신 해 주는 방식의 창업을 지원하고 있다.

(3) 핵심 성공요소 및 준비사항

① 위탁경영 계약서를 반드시 작성해야 한다.

② 창업자의 입장에서는 위탁경영을 맡길 수도 있으며 혹은 직접 위탁경영을 할 수도 있는데, 그것은 창업자의 경험, 노하우 등을 고려하여 결정하면 된다.

③ 위탁경영을 성공적으로 하기 위해서는 매달 한 번씩은 정기 모임을 갖고 점포운영에 대한 토론 및 회의 후 매장을 방문하는 것이 필요하며, 점포운영과 관련된 정보는 수시로 공유하고 투자자들은 경영성과를 높이는 데 직접적으로 참여하는 것이 필요하다. 즉, 자금만 투자하는 형태보다는 경영성과를 높이기 위한 경영활동에 적극 참여할 수 있는 투자자가 더 바람직하다는 것이다.

창업 아이템 100

직업교육 정보제공 창업

(1) 창업아이템의 개요

직장인 혹은 창업예정자들에게 도움이 되는 다양한 직업교육에 대한 정보를 제공하는 창업아이템이다. 국비교육 혹은 민간교육에 대한 정보를 제공하고, 홍보 및 광고비 수입, 교육 수입, 교재 개발 및 판매 수입 등이 가능할 것이다.

향후 경기전망이 불투명하고, 직장에서의 명예퇴직이 지속적으로 진행될 것으로 예상되기 때문에 교육 정보를 제공하는 창업은 유망한 창업아이템이라고 할 수 있다. 아울러, 창업자가 다양한 분야에서의 교육을 진행할 수 있는 능력을 갖추고 있다면 더 많은 수익을 기대할 수 있을 것이다.

(2) 창업성공사례 및 관련 사이트

국비닷컴(kookbi.com), MBC아카데미 뷰티스쿨(www.mbcbeauty.co.kr), 하이미디어컴퓨터학원(www.himedia.co.kr), 나레스트(www.narest.com), 잡에듀(ijobedu.co.kr), 미래인재개발원(www.mirae.ac) 등에서는 계좌제, 재직자 수강지원금 환급과정, 실직자 직업훈련과정에 대한 다양한 정보를 제공하고 있다.

(3) 핵심 성공요소 및 준비사항

① 다양한 직업교육에 대한 정보를 얼마나 빠르게 제공하는가 하는 것이 중요하다. 교육생별로 관심 있는 교육에 대한 정보를 메일 혹은 문자로 제공하는 것도 필요하다.

② 고용노동부의 인가를 받고 국고를 지원받아 직업능력훈련을 실시하고 있는 업체들과 제휴하여 수강생 모집을 위한 홍보를 지원할 수 있다. 이를 위해서는 다양한 종류의 인터넷 사이트들을 직접 운영하거나 활용하는 것이 필요한데, 트위터, 페이스북 등과 같은 소셜 네트워크 서비스(SNS)를 적극 활용하는 것이 필요하다.

③ 기존 국비 교육기관들과 제휴하여 창업자가 직접 강의를 할 수 있는 교육과정을 개설할 수도 있을 것이다. 이러한 경우에는 창업비용이 전혀 필요하지 않으며, 평소에 교육과정 및 교재를 준비해 두는 것이 필요하다.

창업 아이템 101

DIY 창업

(1) 창업아이템의 개요

DIY는 Do It Yourself의 약어이며, DIY 창업은 고객들이 스스로 만들 수 있는 도구나 재료를 판매하는 창업아이템이다(네이버 지식사전, terms.naver.com). DIY 창업에는 홈 소잉(home sewing)이나 수예를 위한 패턴 · 옷감 · 재료 등을 판매하는 점포도 포함될 수 있다. 또한 DIY 창업은 대상으로 하는 목표 고객에 따라 판매해야 하는 도구 혹은 재료가 다양하기 때문에 몇 가지 분야에서 전문화하고 특화하는 것이 필요하다.

(2) 창업성공사례 및 관련 사이트

비비컨츄리(www.bbcountry.co.kr)에서는 다양한 생활 소품을 직접 만들어 볼 수 있는 창업을 지원하고 있다. 또한 문고리닷컴(www.moongori.com), 코스타(www.mykosta.co.kr), 마이드림하우스(mydreamhouse.co.kr), 시트라인(sheetline.co.kr) 등의 DIY 전문 사이트들을 벤치마킹하는 것도 창업에 도움이 될 것이다.

(3) 핵심 성공요소 및 준비사항

① 교육으로 인한 수입이 가장 큰 부분을 차지할 수 있다는 것을 생각하고, DIY 창업을 준비해야 한다. 즉, 고객들이 재료를 구입한 후에 직접 만들어 보는 교육을 진행할 수 있는데, 다만 창업으로 연결되어 수익창출이 가능하도록 지도하는 것이 필요하다. 또한 많은 수공예 관련 강좌들이 취미로 끝나는 경우가 많기 때문에 수강생들을 지속적으로 모집하는 것이 힘들다는 것을 생각해야 한다.

② 회원들이 제작한 제품들에 대한 판매를 계획하는 것이 필요한데, 전시회 혹은 시연회 등에 참여하여 판매할 수도 있을 것이다. 또한 인터넷쇼핑몰, 옥션, G마켓 등의 오픈마켓에서 홍보하고 판매할 수 있다.

③ 도구 혹은 재료를 구입한 고객들이 제품을 쉽게 만들 수 있도록 제품의 제작과정을 동영상(UCC)으로 제작하여 제공하는 것도 필요하다.

창업 아이템 102

기타 창업아이템

앞에서 제시한 창업아이템 외에도 소자본으로 창업을 할 수 있는 다양한 아이템들이 있다. 이러한 창업아이템을 벤치마킹하여 창업을 준비할 때에는 위에서 언급한 다른 창업아이템들과 함께 진행하도록 하는 것도 좋을 것이다.

(1) 해와달(www.haedal.co.kr)에서는 산모들을 위하여 산모 돌보기, 산모 좌욕, 산모 마사지, 모유 수유 전문가 직접 방문 서비스, 신생아 돌보기, 큰아이 돌보기, 아빠 및 기타가족 서비스, 보조업무, 시장보기 등의 서비스를 제공하는 창업을 지원하고 있다. 또한 출장 산후조리 전문 마터피아(www.materpia.com)에서는 산모의 식사 준비, 좌욕을 비롯한 다양한 마사지, 산후체조와 함께 신생아 위생관리와 마사지, 신생아 빨래, 육아 트러블 및 기타관리를 제공하는 베스트 서비스를 기본으로 산후 한약과 한방 좌욕제, 골반교정기 제공과 완전한 모유수유 지지 등 가정의 산후조리원화라는 컨셉으로 프리미엄 서비스를 제공하고 있으며, 창업도 지원하고 있다(YTN, 2011.1.25).

(2) 회오리감자(www.twistpotato.com)에서는 감자에 밀가루를 묻혀 튀긴 '회오리 감자'를 만들 수 있는 기계를 생산하여 판매하고 있다.

(3) 중고제품 직거래 사이트 창업이 있는데, 어린이들을 위한 중고 용품 사이트도 유망한 아이템이라고 할 수 있다. 예를 들어 어린이 중고용품 사이트로는 중고책나라 북나라(www.booknara.net)와 중고장난감 맘투맘(www.dawa.co.kr), 중고유아용품 유니크로(www.unicro.co.kr) 등이 있다.

(4) 상품이미지의 호스팅 서비스를 제공하는 창업이 있는데, 옥션, G마켓, 이베이(ebay) 등과 같은 국내 혹은 해외 오픈마켓에서 상품을 판매하는 창업자들이 상품을 등록할 때에 상품 상세페이지에서 사용하는 이미지 파일의 저장 및 링크를 목적으로 제공되는 특화된 서비스라고 할 수 있다. 대표적인 창업사례는 셀리안(www.sellian.com), 스쿨호스팅(www.phps.kr) 등이 있다.

(5) 순위 사이트를 개설하여 운영하는 창업아이템이 있는데, 특정 분야에 대해 네티즌들의 온라인 투표를 통하여 순위를 제공할 수도 있다. 국내 웹사이트에 대해 순위정보를 제공하는 대표적인 사례로 랭키닷컴(www.rankey.com), 랭크원(www.rank1.co.kr) 등이 있다. 메뉴판닷컴(www.menupan.com)에서는 7만여개의 음식점 정보 및 5만여가지의 요리비법에 대한 정보를 제공하고 있으며, 특히 전국 맛집 TOP1000 앱도 운영하고 있다. 한편, 알

렉사(www.alexa.com)에서는 전 세계 500대 사이트에 대한 정보를 제공하고 있다.

(6) 얼리 어답터 제품 홍보 및 판매업이 있는데, 먼저 얼리 어답터(early adopter)는 제품이 출시될 때 가장 먼저 구입해 평가를 내린 뒤 주위에 제품의 정보를 알려주는 성향을 가진 소비자군을 말한다(네이버 백과사전, 100.naver.com). 얼리 어답터 제품과 관련된 주요 사이트들은 사과달팽이(www.apple-snail.co.kr), 황금마차(www.goldcart.co.kr), 펀앤라이프(www.funnlife.com) 등이 있는데, 창업자들은 충분히 벤치마킹을 하는 것이 필요하다.

(7) 장례 및 실버서비스 창업이 있는데, 몇 년 전부터 크게 성장하고 있는 분야라고 할 수 있다. 궁전실버뱅크(www.gjsilver.co.kr), 실버코리아오브(www.44119.com) 등을 벤치마킹하면 된다.

(8) 상민테크(www.worldvending.com)에서는 솜사탕 제조기, 팝콘 제조기, 빙삭기(슬러쉬, 팥빙수용), 고구마구이기계, 꼬치구이기(옥수수), 군밤기계, 눈꽃얼음제빙기, 맥반석오징어구이기, 버터구이오징어구이기, 뻥튀기기계, 소세지 구이기계 소프트아이스크림, 캐릭터 자판기, 슬러시제조기, 슬러시아(냉막걸리, 육수), 오뎅기, 오븐기, 와플기계, 쥬스기(디스펜서), 츄러스기계, 커피머신(자동/반자동), 커피머신, 커피자판기, 호두과자기계, 회오리감자기계, 핫도그&핫바기계 등 길거리 창업 혹은 소점포 창업에 필요한 다양한 기계들을 판매하고 있다.

제3부

실패하지 않는 무점포 또는 1인 창업전략

성공적으로 창업을 하는 데 가장 중요한 것은 창업을 준비하는 과정에서 필요로 하는 기초적인 창업이론 및 실무지식을 습득하게 하는 것이며, 이를 통하여 창업아이템을 선정하게 된다. 그 이후에 실제로 창업을 하게 되는데, 제3부에서는 성공적인 창업을 위해 반드시 알고 있어야 하는 다양한 전략 및 방법들을 소개하기로 한다.

1

창업자금지원 정부기관 및 민간기관을 활용

예비창업자 혹은 창업기업들이 필요로 하는 창업자금을 지원하는 기관들을 정리해 보면 다음과 같다. 물론 개별 기관별로 자금지원의 대상 및 조건이 다르다는 것을 생각해야 하며, 이러한 기관 홈페이지에 수시로 접속하는 것이 적기에 필요한 창업자금을 받는 데 도움이 된다. 창업자금에 대한 정보를 찾을 수 있는 가장 좋은 방법은 인터넷 익스플로러(internet explorer)의 즐겨찾기에 아래의 사이트들을 추가한 후에 정기적으로 접속할 수도 있으며, HTML 문서로 만들어서 창업자의 사이트에 등록한 후에 접속하는 것이라고 할 수 있다.

① 중소기업청(www.smba.go.kr)
② 중소기업진흥공단(www.sbc.or.kr)
③ 기술보증기금(www.kibo.or.kr)
④ 신용보증기금(www.kodit.co.kr)
⑤ 신용보증재단(지역별로 설립되어 있음)

- 서울신용보증재단: www.seoulshinbo.co.kr
- 경기신용보증재단: www.kgsb.co.kr
- 제주신용보증재단: www.jejusinbo.co.kr
- 인천신용보증재단: www.icsinbo.or.kr
- 부산신용보증재단: www.busansinbo.or.kr
- 대구신용보증재단: www.ttg.co.kr

⑥ 소상공인지원센터(www.sbdc.or.kr)

⑦ 한국여성경제인협회(www.womanbiz.or.kr)

⑧ 근로복지공단(www.kcomwel.or.kr)

⑨ 한국장애인고용촉진공단(www.kepad.or.kr)

⑩ 여성부(www.mogef.go.kr)

⑪ 마이크로크레디터(Microcredit)

- 사회연대은행(www.bss.or.kr)
- 신나는 조합(www.joyfulunion.or.kr)

⑫ 중소기업을 위한 종합정보서비스(www.bizinfo.go.kr)

⑬ 전국 창업선도대학(sundo.kised.or.kr)

⑭ 전국의 창업보육센터(www.bi.go.kr)

⑮ 창업진흥원(www.kised.or.kr)

⑯ 창업넷(www.changupnet.go.kr)

또한 최근에 와서 창업자금지원에 대해서는 언론에 수시로 발표가 되기 때문에 자주 언론기사를 검색하는 것도 많은 도움이 된다. 또한 전국 창업선도대학 및 일부 창업보육센터에서는 매년 예비기술창업자 육성사업 혹은 창업맞춤형 사업을 진행하고 있는데, 최저 3,500만원에서 최고 7,000만원까지의 창업자금을 무상으로 지원하고 있다. 창업맞춤형 사업과 관련된 자세한 정보는 창업넷(www.changupnet.go.kr)의 [공지사항]에서 확인할 수 있다.

2

창업 사무실 및 지원시설을 이용

예비창업자들이 창업을 준비하는 과정 및 본격적으로 창업을 하는 단계에서 사무실을 필요하게 되는데, 전국에 설치되어 있는 창업보육센터 혹은 민간 비즈니스센터를 활용하는 것이 좋다.

(1) 창업보육센터

중소기업청에서 인가를 해 주고 있는 창업보육센터는 전국의 주요 대학에 위치해 있는데, 자세한 정보는 창업보육네트워크시스템(www.bi.go.kr)에서 확인할 수 있다. 2010년 기준으로 볼 때에 전국에는 286개의 창업보육센터가 있으며, 2009년의 279개에 비하여 7개가 증가되었다. 필자의 경우에는 2003년 2월 1일부터 2007년 4월 30일까지 계명대학교 벤처창업보육사업단장으로 근무를 하였는데, 창업보육센터에 입주를 하게 되면 다음과 같은 장점이 있다.

① 사무실을 저렴하게 사용할 수 있는데, 월 평균 임대료는 15,000~

20,000원 정도이다.

② 대학 내의 시설들을 편리하게 이용할 수 있으며, 교수 및 전문가들의 창업 컨설팅을 받을 수 있다.

③ 다양한 정부의 창업지원정책에 대한 정보를 신속하게 얻을 수 있다.

④ 창업보육센터로부터 소정의 자금지원도 받을 후 있으며, 기술개발 및 판로개척에 대한 지원도 받을 수 있다.

⑤ 기타 창업에 필요한 다양한 지원을 받을 수 있기 때문에 예비창업자들은 지역의 창업보육센터에 입주를 하는 것이 성공적인 창업에 많은 도움이 된다.

⑥ 앞서 언급한 전국 23개 창업선도대학으로 지정된 창업보육센터에 입주를 하는 것이 여러 가지의 측면에서 볼 때에 매우 좋다.

(2) 민간 비즈니스센터

창업자가 사용할 수 있는 소규모 사무실을 임대해 주는 전문기업들도 많이 있으며, 전화 혹은 팩스업무를 대행해 주는 곳도 많이 있다. 주요 민간 비즈니스센터는 다음과 같다.

① 오피스허브(officehub.co.kr)

② 비즈플러스안산(www.bizplusansan.com)

③ 르호봇(www.ibusiness.co.kr)

④ 제이플러스(www.jplusbiz.com)

⑤ 마이파트너스(www.mypartners.kr/seocho)

⑥ 프리즘비즈니스센터(www.prismbmc.co.kr)

⑦ 일신비즈니스센터(www.ilshinbusiness.co.kr)

⑧ 소상공인오피스지원센터(soho153.com)

⑨ 비즈니스타운(www.businesstown.net)

⑩ 한국비즈니스센터(blog.naver.com/cc9094)

⑪ 토즈비즈니스센터(www.tozbc.co.kr)

⑫ 네스피스(www.nesffice.co.kr)

3

창업카페에 가입하여 활동

네이버(Naver)에서 운영되고 있는 창업카페는 25,982개로 조사되었으며, 회원이 10,000명이 넘는 창업카페는 165개로 나타났다. 다음(Daum)의 창업카페는 20,007개로 조사되었으며, 회원이 10,000명이 넘는 창업카페는 101개로 나타났다. 이러한 창업카페 중에서 회원이 10,000명이 넘는 카페에 가입하여 활동하는 것이 좋다. 한편, 창업카페에 가입하여 활동함으로 인하여 얻을 수 있는 것들은 다음과 같다.

① 다양한 분야의 창업자들과 교류하면서 인맥을 형성할 수 있다. 예를 들어, 대구경북창업카페연합회(cafe.daum.net/isoho2jobs)는 창업관련 카페를 운영하고 있거나 창업에 성공한 사람들의 교류모임인데, 이러한 모임에 가입하여 활동함으로써 인적 네트워크를 구축할 수 있다. 즉, 다양한 분야의 창업자들과의 교류를 통해 창업 준비 및 창업과정상에서 필요한 사항들에 대하여 배울 수 있다.

② 창업아이템을 선정할 때에 도움을 받을 수 있다. 이미 창업한 사람들은 다양한 창업아이템을 조사하고 분석한 후에 창업을 하였기 때문에 창업아이템을 선정할 때에 멘토링을 받을 수 있다.

③ 이미 성공한 창업자의 경험과 노하우를 전수 받을 수 있다. 자금조달, 매출증대를 위한 홍보와 광고 방법, 고객관리 방법, 자금조달 및 상품개발 등에 대한 경험과 노하우에 대해서 조언을 받을 수 있다.

④ 다양한 창업관련 정보를 접할 수 있다. 창업자들의 교류를 통해 다양한 정보를 접할 수 있는데, 예비창업자들의 경우에는 좋은 창업아이템 및 아이디어를 얻을 수 있다.

⑤ 동맹카페를 맺어 홍보에 적극적인 도움을 받을 수 있다. 창업카페들이 서로 홍보를 해 줄 수 있는데, 특히 여러 지역에서 운영되고 있는 카페들의 공동 홍보를 통해 자연스럽게 전국적인 홍보가 가능할 것이다. 동맹카페 간의 홍보는 주로 이메일 발송, 카페 메인 페이지에 공지 등을 통해 이루어진다.

4

벤치마킹을 통한 성공창업의 전략을 수립

(1) 성공한 창업자에 대한 벤치마킹

누구나 창업에 성공하고 싶어 하지만, 실제로 성공보다는 실패하는 사람들이 훨씬 더 많다는 것도 사실이다. 창업을 하기 전에는 기술과 어느 정도의 자금만 있으면 대박을 터트릴 수 있다고 생각하지만, 막상 창업을 하면서 느끼는 것은 모든 것이 예상대로 되지 않는다는 것이다. 그리고 계획했던 것보다 자금이 더 많이 소요되거나, 개발기간이 더 길어지거나, 시장개척이 제대로 되지 않는 등 차질이 생기는 경우가 한두 번이 아니라는 것이다.

이러한 차질 혹은 실패를 줄일 수 있는 방법으로 경영학에서 오랜 기간 동안 도입된 것이 바로 벤치마킹(benchmarking)이다. 일반적으로 벤치마킹이란 어느 특정분야에서 우수한 상대를 표적 삼아 자기 기업과의 성과 차이를 비교하고 이를 극복하기 위해 그들의 뛰어난 운영 프로세스 등을 배우면서 부단히 자기혁신을 추구하는 기법이다. 즉 창업자 자신보다 훨씬 더 뛰어난 상대에게서 배울 것을 찾아서 배우는 것이라고 할 수 있다.

벤치마킹은 기본적으로 측정 프로세스이지만 이러한 측정 프로세스는 결과적으로 상대방의 성과를 비교하는 것에만 그치는 것이 아니라, 상대방의 우수한 성과가 어떻게 도출되었는가 하는 방법론적인 노하우까지도 비교대상으로 삼는다. 즉, 벤치마킹 활동의 결과물로는 상대적인 성과의 비교뿐만이 아니라 우수한 성과를 가져오게 된 원인(enabler)도 분석하여 제시되어야 한다.

한편, 창업자의 입장에서 성공한 창업자에 대한 벤치마킹 기법은 대체로 다음과 같은 순서에 의해 진행할 수 있다(중소기업청, 1999.10).

① **적용분야의 선정**: 창업분야, 아이템, 홍보와 광고, 판로개척 등의 분야를 선정한다.
② **상대의 결정**: 적용분야에서 매우 성공적인 창업자를 선정한다.
③ **정보수집**: 적용분야를 어떻게 수행하고 있는지에 대한 정보를 체계적으로 수집한다.
④ **성과 차이의 확인 및 분석**: 창업자와 성공한 창업자 간에 어떤 차이가 있는가에 대해 구체적으로 조사하고 분석한다.
⑤ **혁신계획의 수립**: 성과 차이를 좁힐 수 있는 혁신계획을 수립하고 점검한다.
⑥ **실행 및 평가**: 혁신계획을 실행하면서 정기적으로 성과를 평가한다.

이러한 벤치마킹 기법은 바로 창업분야에서 매우 효과적으로 활용될 수 있는데, 매우 성공적으로 창업을 한 사람 혹은 창업기업을 조사하여 현재 내가 진행하고 있는 업무수행 방법과의 차이를 비교함으로써 결과적으로 매우 성공적인 창업자 혹은 기업을 따라가려고 하는 노력이라고 할 수 있다. 즉, 벤치마킹을 통해 성공적인 창업자들이 어떤 측면에서 나와 차이가 있는가를 발견할 수 있는 것이며, 차이를 줄일 수 있는 방법을 계획할 수 있다.

▶ 벤치마킹의 핵심은 단순히 모방하고 베끼기가 아니라는 것을 생각해야 한다. 벤치마킹의 결과에 혁신적 차별화가 부가된다면 그것이 바로 창업자의 경쟁력이라는 것을 생각해야 한다. 초보창업자들에게 지속적인 벤치마킹은 시행착오를 줄이면서 성공창업이 가능하도록 하는 기법인데, 벤치마킹을 하려면 지속적인 인맥형성이 필요하다.

(2) 벤치마킹할 때의 조사항목 및 주의사항

초보창업자들의 경우에는 어디에서 무엇부터 시작을 해야 할지가 막막한 경우가 많다. 이러한 경우에는 먼저 창업을 한 후에 어느 정도 성공한 사례들을 찾아서 벤치마킹을 하는 것이 중요하다. 한편, 벤치마킹을 함에 있어 조사해야 할 항목들은 대체로 다음과 같은데, 가능하면 구체적으로 조사하여 작성하는 것이 좋다.

① 상품을 어디에서, 어떤 조건으로 조달하고 있는가?
② 홍보와 광고를 어떻게 진행하고 있는가?
③ 창업비용과 월 매출은 어느 정도이며, 적정수준인가?
④ 해당 창업아이템에 있어서 핵심 성공요소는 무엇인가?
⑤ 온라인과 오프라인에서의 판매는 어떻게 하고 있는가?

⑥ 경쟁기업과 비교해 볼 때에 주요 경쟁력과 차별성은 무엇인가?
⑦ 해당 아이템의 시장 및 주요 고객들은 어떤 특성들을 갖고 있는가?
⑧ 해당 창업에 있어 사전에 준비해야 할 핵심 사항은 어떤 것들이 있는가?
⑨ 점포의 위치와 내부 인테리어, 진열방식에서 배울 점은 무엇인가?
⑩ 향후 어떤 계획을 갖고 있으며, 어떤 준비를 하고 잇는가?

하지만, 위의 창업사례들에 대해 벤치마킹을 할 때에 주의해야 할 점들이 있다.

① 월 매출이나 마진율 등에 대해서는 너무 상세하게 묻지 않는 것이 좋다.
② 사업상의 비밀에 대해서는 가급적 깊이 알려고 하지 않는 것이 좋다.
③ 무작정 방문하지 말고, 사전에 약속을 하며 정중하게 부탁한다.
④ 점포에서 판매하고 있는 상품 1~2개를 구입하는 것이 기본 예의이다.
⑤ 한 번에 모든 것을 해결하려고 하지 않는 것이 좋다.
⑥ 성공한 창업자와 상호 신뢰할 수 있는 인맥을 형성하여 지속적으로 교류한다.

5

다양한 홍보와 광고를 진행하는 방법

(1) 홍보를 위한 이메일 및 문자의 발송

요즈음은 이메일과 휴대폰 문자를 통해 홍보하는 경우가 많은데, 수 백개 혹은 수 천개 이상의 이메일과 문자를 발송하기 위해서는 〈그림 7〉과 같은 포스트맨(www.postman.co.kr)과 같은 전문사이트를 활용하는 것이 편리하다. 포스트맨의 주요 활용방법은 아래와 같다.

① 포스트맨(www.postman.co.kr)에서는 대량 이메일 발송, 대량 SMS/MMS 발송, 대량 팩스발송, 주소록 관리, 발송결과 확인, 프리미엄 서비스 등의 기능을 제공하고 있다.

② 먼저, 엑셀(Excel)을 이용하여 이름, 이메일 주소, 휴대폰 번호 등을 입력하여 파일로 저장한 후에 포스트맨의 [주소록]에 등록하면 되는데, 주소록 등록방법에 대해서는 [동영상 보기]를 클릭하면 자세하게 설명되어 있다.

③ [메시지발송]에서 [이메일 DB링크발송]을 선택하면 주소록에

그림 7 포스트맨의 초기화면

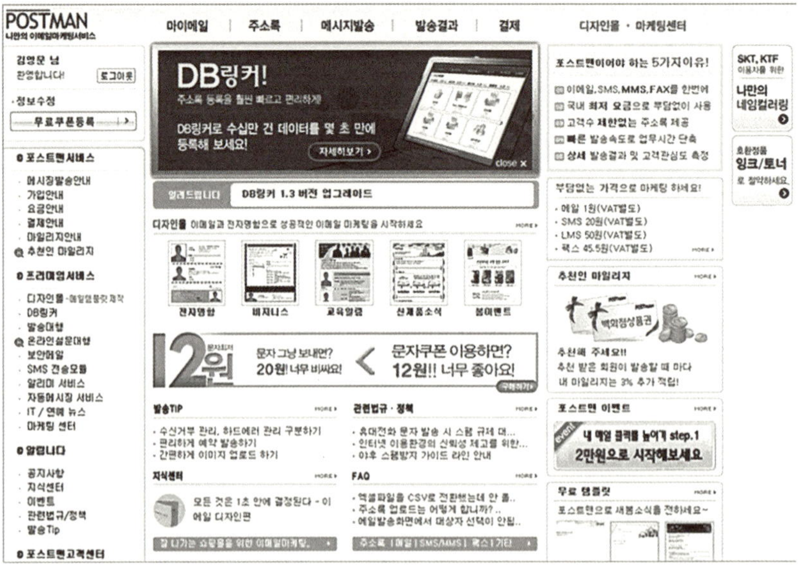

저장되어 있는 이메일주소로 이메일을 발송할 수 있는데, 이메일 주소 한 개에 1원을 지불하면 된다.

④ [메시지발송]에서 [SMS/MMS DB링크발송]을 선택하면 주소록에 저장되어 있는 휴대폰번호로 문자를 발송할 수 있는데, 휴대폰 번호 1개에 18~20원을 지불하면 된다.

⑤ [발송결과]에서 [메일발송리포트] 혹은 [SMS/MMS 발송리포트]를 선택하면 이메일 혹은 문자 발송의 결과를 확인할 수 있다. 아울러, 발송이 되지 못한 이메일 혹은 문자의 원인도 알 수 있다.

포스트맨의 장점은 메일 혹은 문자의 도착 및 열람에 대해 확인을 할 수 있다는 것이다. 즉, 문자가 도착을 했는지 혹은 휴대폰 번호가 없어서 문자가 도착하지 않았는지에 대한 정보도 제공해 준다는 것이다. 다만, 문자 혹은 메일을 너무 자주 발송하는 것은 고객의 불만을 초래하게 되어 결국 회원탈퇴를 할 수 있을 것이다.

(2) 카페(cafe)와 블로그(blog)를 운영하여 홍보

요즈음은 전통적인 형태의 홈페이지(혹은 웹사이트)보다는 각종 포털사이트에서 무료로 제공되는 블로그(blog, web log의 준말)와 카페(cafe)를 웹사이트로 활용하는 기업 혹은 창업자들이 늘어나고 있다. 또한 현재 홈페이지를 운영하고 있다고 할지라도 추가적으로 블로그와 카페를 개설하여 운영을 하게 되면 그만큼 홍보 및 마케팅의 효과가 커진다는 것이며, 아무리 많이 개설해도 돈이 들어가지 않는다는 장점까지 있다.

사실, 저자의 경우에도 블로그와 카페를 포함하여 39개 정도를 운영하고 있는데, 무료라는 장점 외에도 홍보효과가 매우 크다는 것이다. 사실, 39개의 사이트를 관리하는 데 많은 시간이 필요할 것이라고 생각할 수도 있지만, 똑같은 글을 스크랩을 하거나 Ctrl+C를 이용하여 복사하고, Ctrl+V를 이용하여 붙이기를 하는 데 얼마의 시간이 걸리겠는가? 10분도 채 걸리지 않는다는 것이다. 만약에 100개의 블로그 및 카페를 운영하고 있다고 생각해 봐라. 1시간 정도이면 100개의 사이트에서 내가 하는 일을 홍보할 수가 있다는 것이다. 아울러 작은 노력으로 홍보효과가 얼마나 클 것인가를 생각해 보면 될 것이다.

① 카페를 개설할 수 있는 사이트

현재 다음(Daum)과 네이버(Naver)를 추천할 수 있는데, 카페를 개설하고 운영하는 기본적인 기능은 거의 비슷하다. 창업자의 입장에서 보면 적어도 다음과 네이버에서 동시에 개설하는 것이 좋으며, 아래와 같이 아이디를 동일하게 만드는 것이 가장 이상적이라고 할 수 있다.

- 다음 카페의 주소: cafe.daum.net/아이디
- 네이버 카페의 주소: cafe.naver.com/아이디
- 홈페이지의 주소: www.아이디.co.kr, www.아이디.kr, www.아이디.com

카페를 한 번도 만들어 본 적이 없다면, 창업길라잡이(cafe.daum.net/isoho2jobs)의 [창업동영상(UCC)강좌]의 5~6번 글을 읽어보면 쉽게 만들 수 있다. 또한 가입회원이 10,000명이 넘는 카페들에 가입하여 꾸준히 벤치마킹을 하는 것도 카페를 활용한 홍보를 효과적으로 진행하는 데 도움이 될 것이다.

또한 카페(cafe)는 기존의 홈페이지를 대신하여 사용할 수가 있다. 즉, 카페(cafe)를 개설한 후에 www로 시작되는 도메인(인터넷 주소)을 구입하여 카페주소로 포워딩(forwarding)을 시키면 되는데, 도메인(인터넷 주소)을 구입하여 회사에 문의하면 된다.

② 블로그를 개설할 수 있는 사이트

블로그의 경우에는 다음(daum), 네이버(naver), 구글(google), 이글루스(egloos), 고도(godo) 등에서 개설할 수 있는데, 카페를 만들 수 있

으면 블로그를 만드는 것은 너무 쉬운 일이다. 블로그도 카페와 마찬가지로 창업기업의 홈페이지로 충분히 활용할 수 있다.

③ **도메인 포워딩**(domain forwarding) 기능을 활용하면, 비교적 긴 카페 주소와 블로그 주소를 짧은 일차 도메인(www로 시작되는 도메인)으로 연결하여 사용할 수가 있는데, 도메인 구입업체에 요청하면 된다. 예를 들어, cafe.daum.net/isoho2jobs와 같은 긴 주소를 www.mis.or.kr로 간략하게 바꾸어 접속할 수 있도록 할 수 있다.

(3) 소점포에서의 다양한 광고를 진행

소상공인 혹은 영세자영업자들의 경우에는 홍보 및 광고에 많은 돈을 투자할 수가 없는 실정이며, 이에 따라 적은 광고비로 최대한 효과를 올릴 수 있는 광고 전략이 필요하다. 소점포를 운영하는 창업자들이 이용할 수 있는 광고들은 다음과 같다(김영문, 2011).

① **전단광고**: A4 1장 크기의 전단지를 만들어서 배포하는 것을 말하는데, 전단지는 신문 배달시 신문에 끼워 배달하는 방법, 고객을 직접 방문하여 배포하는 방법, 점포 앞에서 배포하는 방법, 박람회 혹은 행사 참가자들에게 배포하는 방법 등으로 구분할 수 있다.

② **구매시점광고**(POP, Point Of Purchase): 고객이 상품을 구매하는 장소에서 수행하는 광고를 말하는데, 일반적으로 벽면에 포스터를 붙여 놓은 방법, 상징적 물건을 설치해 놓은 방법, 음식점에서의 메뉴판 등이 있다.

③ **우편광고**: 우편을 통하여 광고를 하는 것인데, 아파트의 경우에는 단순히 아파트의 동과 호수만 적어도 발송이 된다는 장점이 있다. 하지만, 그렇게 대량으로 배달된 광고의 경우에 대해 많은 소비자들이 부정적인 반응을 보이고 있다는 것도 생각해야 하는데, 할인 쿠폰을 제공하는 것도 좋을 것이다.

④ **판촉물 광고**: 성냥, 열쇠고리, 달력, 포스트잇(post-it) 등의 판촉물을 나누어 줌으로써 광고를 할 수 있는데, 고객의 특성을 분석하여 다양한 판촉물을 준비하는 것도 필요하다.

⑤ **인명부 광고**: 전화번호부, 지역 내 상가 책자 등에 광고를 하는 방법이 있는데, 요즈음 상가 책자들의 종류가 워낙 많아서 제작회사, 발행부수 및 배부장소 등을 분석한 후에 광고 게재를 결정하는 것이 좋다.

⑥ **구전광고**: 사람의 입을 통해 광고를 하는 것인데, 주로 주변의 인맥을 활용하게 된다. 구전광고는 고객이 오피니언 리더(opinion leader)인 경우에 특히 도움이 될 수 있다. 여성들을 고객으로 하는 창업인 경우에는 구전광고에 특별히 관심을 가져야 한다.

⑦ **데몬스트레이션**(demonstration): 상점을 방문한 고객들을 상대로 상품의 특성이나 사용법을 알리기 위하여 데몬스트레이션하는 것도 소매업에서 효과적으로 이용하는 방법의 하나가 될 수 있는데, 소점포의 경우에는 동시에 방문하는 고객의 수가 제한되어 있어 실질적인 효과는 별로 없는 실정이다. 그렇기 때문에 점포 외부의 공간 혹은 점포 근처의 공간을 활용하여 데몬스트레이션을 하는 것을 생각할 수 있다.

⑧ **디스플레이**(display): 고객의 주의를 끌고 구매의욕을 일으키도

록 상품을 진열하는 것을 디스플레이 혹은 진열이라 한다. 이러한 디스플레이를 효과적으로 이용하기 위해서는 상품, 고객, 색채, 장소, 조명, 레이아웃, POP광고 효과 등을 구체적으로 검토할 필요가 있다.

⑨ **특별행사**: 소매점에서는 일정한 기간 동안에 특별행사를 할 수 있다. 즉 새해맞이, 민속의 날 행사, 창립기념일, 입학, 졸업, 어버이날, 어린이날, 정기바겐세일, 사은 대매출 등 여러 가지 특별행사를 할 수 있다.

(4) 언론을 활용한 홍보를 진행

① **언론을 활용한 홍보를 적극적으로 진행**

언론홍보는 기업, 단체 또는 관공서 등의 조직체가 커뮤니케이션 활동을 통하여 스스로의 생각이나 계획, 활동, 업적 등을 널리 알리는 활동을 말하는데, 광고의 대가를 지불하지 않는다는 특징이 있다. 즉, 신문, 잡지, 라디오, TV뉴스 등에 기업의 제품이나 서비스 혹은 기업 이미지를 뉴스거리로 제공할 수가 있다는 것이다(박진용, 2005.6.25).

사실, 창업기업의 경우에는 언론을 잘 활용하면 돈을 거의 들이지 않고도 엄청난 홍보효과를 기대할 수 있는데, 대부분의 벤처 혹은 창업보육센터 입주기업들의 경우에는 홍보를 전담하는 직원이 없는 실정이다. 또한 언론을 통한 홍보의 중요성은 인식하고 있지만, 언론에 부탁을 해야 한다고 생각하거나 많은 돈 혹은 든든한 인맥이 있어야 가능하다는 생각을 하고 있다. 하지만, 많은 언론관계자들을 만나보면 기사거리가 될 만한 정보에 목말라 하고 있으며, 좋은 기사거리를 늘 원한다는 것을 알 수 있다.

필자가 1998년부터 창업분야에서 일한 경험을 토대로 언론을 활용한 홍보방법을 제시하면 다음과 같다. 사실, 일부 벤처기업들 중에는 언론에 기사 외의 다른 수단으로 접근하는 경우가 많은데 그것은 잘못된 것이며 평생 동안 함께 갈 좋은 친구를 사귄다는 마음으로 언론에 접촉하는 것이 좋을 것이다.

i) 언론에게는 좋은 기사를 준다는 생각을 가져야 한다. 일시적인 목적을 달성하기 위해 과장되거나 사실과 다른 자료를 언론에 보냈을 때에는 장기적으로 창업기업의 신뢰에 큰 손실을 감수해야 함을 생각해야 한다.

ii) 회사에서 신제품 및 신기술을 개발했거나 새로운 경영성과가 있을 때에는 보도자료를 작성하여 언론에 메일로 발송하면 된다. 이런 것도 보도가 되겠나 하는 부정적인 생각보다는 기자의 입장에서 판단할 수 있도록 맡기면 되는 것이다.

iii) 창업기업의 사회적 책임을 생각하고, 이윤추구 외 사회적 활동에도 적극 참여한다. 요즈음 많은 벤처기업에서도 공익적 활동에 참여함으로써 자사의 인지도 혹은 신뢰성을 높이는 활동에 적극 참여하고 있는 실정이며, 그렇게 함으로써 자연스럽게 언론에 노출될 수 있다는 것이다.

iv) 인터넷 언론을 효과적으로 활용하는 것은 매우 중요하다. 현재 국내에는 신문을 제작하는 언론과 인터넷에서만 존재하는 언론으로 구분할 수 있다. 인터넷 언론은 상대적으로 보도될 가능성이 더 높으며, 효과 또한 신문을 제작하는 언론사에 비해 결코 떨어지지 않는다. 현재 인터넷 언론사는 연합뉴스(www.

yonhapnews.co.kr), 뉴스와이어(www.newswire.co.kr), 뉴시스(www.newsis.com), 프레시안(www.pressian.com) 등이 있다.

v) 특정 언론사의 기사가 다음(Daum), 네이버(Naver), 구글(google), 네이트(nate) 등의 포털에 등록되는가 하는 것을 확인해야 한다. 이러한 포털에 기사가 등록되는 언론사가 상대적으로 더 효과가 있다는 것을 생각해야 하는데, 포털에 등록된 기사들은 포털 사이트가 폐쇄되지 않으면 영구적으로 기사 검색이 가능하기 때문이다.

vi) 카페(cafe)의 교육 및 행사를 언론에 보도하기 위해서는 사업자등록을 하는 것이 필요하며, 아울러 카페를 이용하는 회원들이 신뢰할 수 있도록 하는 것이 중요하다.

② **뉴스와이어와 뉴시스의 이해와 활용방법**

창업을 하면 판매하는 상품과 서비스를 고객들에게 알려야 하는데, 돈이 많이 들어가는 광고보다는 언론홍보를 활용하는 것이 좋다. 우선 언론홍보는 고객들에게 신뢰를 주고 언론기사가 다음, 네이버, 네이트, 구글 등의 포털에서 검색이 되기 때문에 홍보의 범위가 넓으면서 효과가 오래 지속된다는 장점이 있다.

하지만, 초보창업자가 언론에 홍보를 한다는 것은 쉬운 일이 아니다. 특히 신문을 제작하고 있는 언론사에 기사를 게재하는 것은 매우 힘든 일이라고 할 수 있다. 그렇기 때문에 사이버 공간에 존재하는 언론사를 우선적으로 찾아보는 것이 좋은데, 처음에는 뉴스와이어(www.newswire.co.kr)와 뉴시스(www.newsis.com)를 활용하여 언론홍보를 시작해 보는 것도 좋은 방법이다.

ⅰ) **뉴스와이어**(www.newswire.co.kr)

뉴스와이어에서는 기업의 보도자료를 효과적으로 홍보할 수 있는 다양한 서비스를 제공하고 있는데, 언론과 포털에 10회 단위로 보도자료를 전송할 수 있는 쿠폰을 저렴한 가격에 미리 구입하여 사용하면 된다. 자세한 내용은 [서비스 안내] 메뉴에서 [보도자료 서비스]의 [서비스 신청]에서 확인할 수 있다. 뉴스와이어 서비스는 다음, 네이트, 구글에 보도자료가 등록된다는 장점이 있다.

ⅱ) **뉴시스**(www.newsis.com)

뉴시스는 뉴시스와이어(www.newsiswire.co.kr)에서 보도 자료를 작성하고 배포하는 서비스를 제공하고 있는데, 보도 자료를 보낼 수 있는 포인트를 구매하면 된다. 예를 들어, 10포인트를 구매하는 데 300,000원을 지불해야 한다. 뉴시스의 보도자료들은 다음, 네이트 등의 포털에 등록된다는 특징이 있다.

한편, 뉴스와이어와 뉴시스를 효과적으로 활용하기 위해서는 언론에 보도될 만한 것이 있어야 하는데, 다음과 같은 방법을 활용하면 효과적이다.

- 새로운 기술의 개발, 제품의 출시, 새로운 시장의 진출, 해외 수출 계약, 새로운 공장 및 시설의 설치 등 무엇인가 새로운 것이 있을 때마다 보도자료를 작성하여 배포한다.
- 보도자료를 배포할 때에는 반드시 관련 사진도 함께 등록한다. 또한 보도자료 내에 창업기업의 웹사이트 주소 및 전화번호를 반드시 포함시킨다. 그렇게 해야 보도자료의 효과가 장기간 지속될

수 있다.

- 보도된 기사는 반드시 스크랩을 한 후에 회사의 웹사이트, 카페(cafe)와 블로그(blog), 트위터, 페이스북 등에 등록한다. 그렇게 하면 하나의 기사가 여러 개의 사이트에 등록되며, 그만큼 홍보효과는 커진다는 것이다.

③ 언론에 보도된 기사의 활용

카페(cafe)에서 진행하는 다양한 모임, 활동 및 교육에 대한 내용이 언론에 보도가 되었다면, 그 기사를 카페지기가 운영하고 있는 카페(cafe)와 블로그(blog) 등에 스크랩하거나 다시 등록하는 것도 홍보에 많은 도움이 된다. 이러한 측면에서 보면 카페지기는 다양한 종류의 카페, 블로그, 트위터, 페이스북 등을 운영하는 것이 필요하다는 것이다.

(5) 창업사이트의 접속을 늘리기 위한 키워드 광고를 진행

창업기업에서 운영하는 웹사이트, 인터넷쇼핑몰, 카페와 블로그 등 창업자가 운영하는 다양한 인터넷사이트에 많은 사람들이 접속하도록 하기 위해서 가장 효과적인 방법이 바로 키워드 광고라고 할 수 있다. 예를 들어, 네이버(Naver)에서 네티즌들이 '나이키'라는 키워드로 검색을 했을 때에 창업자가 운영하고 있는 나이키 신발을 판매하는 인터넷쇼핑몰이 네이버의 상단에 검색되도록 해야 고객들이 많이 접속을 하게 되며, 상품 구매를 하게 된다는 것이다.

즉, 키워드 광고는 특정 키워드, 즉 검색어의 검색결과에 관련 있는 업체광고를 게재하는 100% 타겟팅된 맞춤광고 서비스이다. 키워드 광고는 해당 키워드를 검색하는 고객에게만 사이트를 홍보할 수 있어보다 잠재 구매력이 높은 고객을 자신의 사이트로 이끌어준다. 이러한 키워드 광고는 크게 두 가지 방식으로 설명할 수 있다(김영문, 2009).

① CPC(cost-per-click) **방식 광고**

검색이 일어난 후에 노출되는 횟수에 상관없이 고객이 사이트를 클릭했을 때만 비용이 지불되는 방식을 말한다. 즉, 광고주가 원하는 금액만큼 일정금액을 먼저 예치시킨 다음에 키워드 검색의 결과에 사이트를 노출을 시키고, 링크되어 있는 사이트를 클릭했을 때만 클릭당 비용을 차감시켜 나가는 방식을 말한다. 오버추어, 구글의 스폰서링크와 네이버에서 진행하는 클릭초이스(파워링크, 비즈사이트) 등이 CPC 방식의 대표적인 사례들이다.

i) 오버추어(www.overture.co.kr) 광고: 다음(Daum), 네이트(Nate) 등의 포털에서 검색결과 최상단에 노출되는 입찰방식의 광고로서 최상단 노출로 사이트의 신뢰도, 인지도를 높여주며 다수의 방문자를 기대할 수 있다. 이 광고의 장점은 다양한 검색어를 활용함으로써 다양한 고객들을 사이트로 유인시킬 수 있다는 점이다.

ii) 스폰서 링크: 특정 검색어의 검색결과 첫 페이지에 '사이트 제목-사이트 설명' 형식으로 제공되는 광고로 최상단에 위치하며, 검색어별로 최대 5위까지 광고영역을 제공한다. 스폰서 링크는 오버추어를 통해 서비스 신청을 하면 된다.

iii) 클릭초이스: 통합검색결과 첫 페이지에 위치한 비즈사이트 영역에 노출되는 저렴한 키워드샵 상품으로 광고주가 직접 기술한 다양하고 정확한 홍보내용이 최대 3줄까지 반영된다. 게재되는 광고의 수는 키워드에 따라 5개 또는 10개까지 지정되어 있으며 대표적인 국내포털광고로는 '네이버-파워링크, 비즈사이트', '다음-프리미엄 링크' 등이 있다.

㉠ 파워링크: 특정 검색어 검색결과 첫 페이지에 '사이트 제목-사이트 설명' 형식으로 제공되는 광고로 통합검색, 검색 결과 상단에 위치하며, 검색어별로 최대 10위까지 광고영역을 제공한다.

㉡ 비즈사이트: 특정 검색어 검색결과 첫 페이지에 사이트의 부가정보와 함께 보여 주는 광고로 파워링크 아래에 위치하며, 검색어별로 최대 5위까지 광고영역을 제공한다.

② CPM(cost-per-mile) **방식 광고**

일정기간 동안에 진행되는 광고에 대해 고정금액을 정액제로 지정한 후에 노출과 클릭에 상관없이 그 금액만큼만 진행되는 광고 방식을 말한다. 이 광고의 장점은 일정기간 동안 그 금액만 지급하면 그 고정 자리를 유지하므로 특별한 관리가 필요 없다는 점이다. 국내 포털사이트에서 진행되는 광고로는 다음-스페셜 링크가 있다.

한편, 웹사이트 혹은 카페(cafe)의 홍보를 위한 키워드 광고는 다음(Daum)의 첫 화면 맨 아래에 있는 광고안내(☏1566-2100), 네이버(Naver)의 첫 화면 맨 아래에 있는 광고·제휴(☏1588-5896), 네이트(Nate)의 첫 화면 맨 아래에 있는 키워드 광고문의(☏1599-3401)에서 자세하게 알 수 있다. 사실, 키워드 광고를 처음 시작하려고 하는 경우에는 어떤 키워드 광고를 해야 할지를 잘 모르는데, 그러한 경우에는 전화로 상담을 받는 것이 필요하다.

또한 최근에 다음(Daum)과 네이트(Nate)가 2011년 6월부터 키워드 광고분야에서 제휴를 하였다(아이뉴스24, 2011.4.14). 이에 따라 창업자의 사이트 주소를 알려주고, 어떤 키워드를 선정하는 것이 좋은지, 한 달에 얼마 정도의 광고비를 책정하는 것이 바람직한지 그리고 제휴 포털간의 키워드 광고 진행방법 등에 대한 상담을 받는 것이 좋다. 아울러, 정기적으로 키워드 광고 사이트 내의 광고효과 보고서를 살펴봐야 한다. 즉, 개별 키워드별로 노출횟수, 클릭횟수, 클릭률, 평균클릭비용, 총비용을 살펴보면서 특정 키워드 광고를 계획해야 할지 혹은 중단해야 할지를 판단해야 한다.

하지만, 아직도 일부 창업자들의 경우에는 그냥 광고대행사에 맡겨서 진행을 하는데, 그렇게 하는 경우에 키워드 광고를 잘 하는 요령을 배우기가 어렵다는 문제가 있다. 따라서 처음에는 월 5~10만원부터 시작하고 키워드 광고에 대한 전문지식을 배워가면서 점차 광고비를 늘려가는 것도 좋을 것이다.

▶ 키워드 광고는 창업사이트의 성격이나 추구하는 목표에 따라 달라지는데, 경쟁관계에 있거나 유사한 사이트가 키워드 광고를 어떻게 하고 있는가를 살펴보는 것도 도움이 된다.

▶ 네이버(Naver)에는 지식쇼핑(shopping.naver.com)이라는 독특한 광고 상품이 있는데, [입점안내]에서 자세한 내용을 소개하고 있다. 다음(Daum)에는 쇼핑하우(shopping.daum.net)를 운영하고 있는데, 네이버(Naver)의 지식쇼핑과 유사한 방식으로 운영하고 있다. 한편, 네이버 지

식쇼핑의 입점과 비용은 아래의 두 가지로 구분할 수 있다.

- CPC(Cost per Click) 과금: 네이버 지식쇼핑은 상품구매 의사가 있는 이용자가 브라우징 또는 검색을 통해서 해당 상품을 확인하고, 상품을 클릭하여 입점사의 쇼핑몰로 넘어갈 때마다 일정 금액(클릭당 단가)이 부과된다. 이러한 과금체계를 CPC 과금이라고 하며, CPC 과금은 상품이 등록된 카테고리별로 나누어 차등 적용된다.
- CPS Package 입점이란? CPS Package 입점시 매월 고정비와 지식쇼핑을 통한 매출액의 일정 %를 판매수수료로 부과한다. 입점을 하기 위해서는 쇼핑몰을 오픈한 지 6개월 이상되고, 성인용품이나 네이버에서 취급하지 않는 상품을 제외하면 입점이 가능하다.

(6) 동영상(UCC)을 활용한 홍보

창업자가 홍보를 하고 싶은 점포, 전자상거래사이트뿐만 아니라 카페(cafe)의 홍보를 위한 다양한 동영상(UCC)을 제작하여 웹사이트에 등록할 수 있다. 이를 위해서는 먼저 다음과 같은 세 가지의 방법으로 동영상(UCC)을 만들 수 있다.

① 디지털카메라로 영상을 촬영한 후에 디지털카메라를 컴퓨터에 USB케이블로 연결하면 자동적으로 동영상 파일이 만들어진다. 화소(picture element)가 높은 디지털카메라의 경우에는 캠코더보다 오히려 더 선명한 영상을 촬영할 수 있다.

② 캠코더(camcorder)를 사용하여 영상을 촬영한 후에 캠코더의 구입시에 제공되는 소프트웨어를 활용하여 동영상 파일로 만들 수 있다. 하지만, 초보자의 경우에는 캠코더를 활용한 동영상의 제

작은 쉽지 않기 때문에 앞에서 설명한 디지털카메라를 활용하는 것이 편리하다.

③ 모든 컴퓨터에 내장되어 있는 무비메이커(Windows Movie Maker)를 활용하여 동영상을 만든 후에 파일로 저장한다(베타뉴스, 2011. 9.2). 무비메이커는 컴퓨터의 [시작]에서 [모든 프로그램]을 클릭하면 확인할 수 있다.

또한, 홍보용 동영상(UCC)을 만든 후에는 여러 사이트에 등록하면 되는데, 아래와 같은 사이트들에 등록하면 홍보효과가 크다. 또한 아래의 사이트에서는 창업자가 등록한 동영상(UCC)을 얼마나 플레이(혹은 view)되었는가에 대한 통계자료도 제공하고 있다.

① 다음의 TV팟(tvpot.daum.net): '마이팟' 메뉴에서 등록한 전체 동영상을 볼 수 있으며, 몇 번이나 플레이(play)가 되었는지에 대한 통계도 제공하고 있다.
② 네이버의 카페(cafe) 혹은 블로그(blog)
③ 네이트 동영상(video.nate.com)
④ 판도라TV(www.pandora.tv)
⑤ 유튜브(www.youtube.com): 'insight' 메뉴에서 전체 동영상의 뷰(view)에 대한 통계를 제공하고 있다. 유튜브(www.youtube.com)에 동영상을 등록하면, 아래의 5개 웹사이트에 자동으로 등록된다. 이를 위해서는 사전에 아래 사이트들에 가입을 해야 한다.
    - Facebook(www.facebook.com)
    - Twitter(www.twitter.com)

- Reader
- Orkut(www.google.com/accounts/ServiceLogin?service=orkut)
- MySpace(www.myspace.com)

한편, 동영상(UCC)을 만든 후 용량이 100M를 초과하여 포털에 등록할 수 없는 경우에는 팟인코더(tvpot.daum.net/application/PotEncoder.do)를 사용하여 용량을 줄일 수 있다. 아울러 팟인코더는 긴 영상에서 필요한 부분만 자르거나 여러 개의 영상을 합치고 싶을 때, 또 동영상의 앞뒤에 오프닝과 엔딩을 삽입할 수도 있는 기능도 제공하고 있다(케이벤치 2010.2.23). 한편, 팟인코더를 사용할 때의 고려사항은 다음과 같다.

① 여러 개의 동영상을 불러서 한꺼번에 용량을 줄일 수 있다.
② 인코딩 옵션에서 "100M인코딩"을 선택해야 한다.
③ 저장폴더에서 인코딩된 동영상을 저장할 폴더를 지정해야 한다.

(7) 소셜 네트워크 서비스(SNS)에서 홍보하기

먼저 소셜 네트워크 서비스(Social Network Service: SNS)는 온라인 인맥구축 서비스이다. 즉, 1인 미디어, 1인 커뮤니티, 정보 공유 등을 포괄하는 개념이며, 참가자가 서로에게 친구를 소개하여, 친구관계를 넓힐 것을 목적으로 개설된 커뮤니티형 웹사이트이다(위키백과, ko.wikipedia.org).

이러한 소셜 네트워크 서비스는 창업자의 카페(cafe) 외에도 점포 혹은 인터넷쇼핑몰 등을 홍보하는 데 매우 유용하게 활용될 수 있는

데, 창업자가 가입한 소셜 네트워크 서비스뿐만 아니라 다른 사람들이 가입한 소셜 네트워크 서비스를 공동으로 활용하여 창업자의 웹사이트들을 홍보할 수 있다.

현재 대표적인 소셜 네트워크 서비스(Social Network Service: SNS)의 종류는 다음과 같다. 이러한 사이트들에 가입하여 활용방법을 습득한 후에 어떻게 사용하는 것이 홍보에 도움이 되는지를 파악하는 것이 필요한데, 최근 소셜 네트워크 서비스의 이용자가 급속하게 증가하고 있는 실정이다. 예를 들어, 트위터 및 페이스북은 페이지뷰 기준으로 2010년 1월에서 2011년 8월까지 수십배 이상 트래픽이 증가하고 있는 것으로 조사되었다(뉴스토마토, 2011.9.16).

① 트위터: www.twitter.com
② 페이스북: www.facebook.com
③ 미투데이: www.me2day.net
④ 한국어트위터: www.twtkr.com

주요 소셜 네트워크 서비스(Social Network Service: SNS) 중에서 페이스북을 활용하여 창업자의 카페(cafe)를 홍보를 하는 몇 가지 방법을 소개하면 다음과 같다.

① 노트(앱)를 설치하여 홍보를 하면 좋은데, 노트(앱)는 일종의 게시판과 같은 기능을 갖고 있어서 다양한 글을 등록할 수 있으며 글의 맨 아래에는 창업자의 카페 주소를 입력하는 것도 필요하다.
② [이벤트]에서 [이벤트 만들기]를 클릭하여 모임, 교육 및 행사에

대한 정보를 등록할 수 있다.

③ [사진]을 클릭한 후에 [동영상 올리기]를 활용하여 홍보하고 싶은 내용에 대한 동영상(UCC)을 제작하여 등록할 수 있다.

④ [담벼락]은 일종의 [한 줄 메모장]과 같은 기능을 갖고 있는데, 수시로 홍보할 내용을 등록하면 된다.

(8) 사이트의 주소를 포함시키기

평소에 자주 접속하는 웹사이트에 글을 등록할 때에는 반드시 창업자가 운영하고 있는 웹사이트의 주소도 함께 등록하는 습관을 가지는 것이 필요하다. 예를 들어, 페이스북(www.facebook.com)에서 노트 앱을 추가하여 다양한 주제의 글을 등록할 때에도 웹사이트의 주소를 포함시키게 되면 글을 읽은 페이스북 친구들이 창업자의 웹사이트에 접속할 수 있다는 것이다. 또한 유튜브(www.youtube.com)에 동영상(UCC)을 등록할 때에도 설명부분에 웹사이트 주소를 포함시키는 것이 홍보에 도움이 된다.

6

창업준비에 도움이 되는 다양한 웹사이트를 적극적으로 활용

(1) 한국건강기능식품협회(www.hfood.or.kr)

'건강기능식품에 관한 법률' 제13조 2항의 규정에 의해서 건강기능식품관련 영업을 하고자 하는 자(제조업, 수입업, 판매업)와 품질관리인은 교육을 받아야 한다. 자세한 내용은 한국건강기능식품협회(www.hfood.or.kr)의 [교육] 메뉴에서 확인할 수 있다.

(2) 중소기업청, 소상공인지원센터 및 창업보육센터

중소기업청(www.smba.go.kr), 소상공인지원센터(www.sbdc.or.kr), 15개의 창업선도대학 웹사이트 및 창업보육네트워크시스템(www.bi.go.kr)은 예비창업자들이 가장 빈번하게 방문해야 하는 웹사이트들이다. 현재 창업지원에 대한 업무는 중소기업청에서 담당하고 있으며, 자영업 창업의 지원과 상담은 소상공인지원센터에서 도움을 받을 수 있다.

또한, 전국 창업보육센터에 대한 정보는 창업보육네트워크시스템에서 상세하게 제공하고 있으며, 2011년에 선정된 전국 15개의 창업선도대학에서도 창업자금 지원, 기술창업아카데미, 창업보육 등 다양한 창업지원 사업을 진행하고 있다. 창업선도대학의 현황을 보면, 서울권은 연세대 · 동국대, 경기 · 인천권은 인천대 · 한국산업기술대, 충청권은 충북대 · 호서대, 호남권은 목포대 · 전주대, 대구 · 경북과 강원권은 강원대 · 경일대 · 계명대, 동남권은 경남과학기술대 · 동아대가 선정됐고 전문대학으로는 영남이공대와 인덕대가 선정되었다(매일경제, 2011.3.10).

(3) 금융감독원의 전자공시시스템(dart.fss.or.kr)

대한민국의 상장회사, 코스닥 등록기업 및 향후 등록이 가능한 기

그림 8 전자공시시스템 초기화면

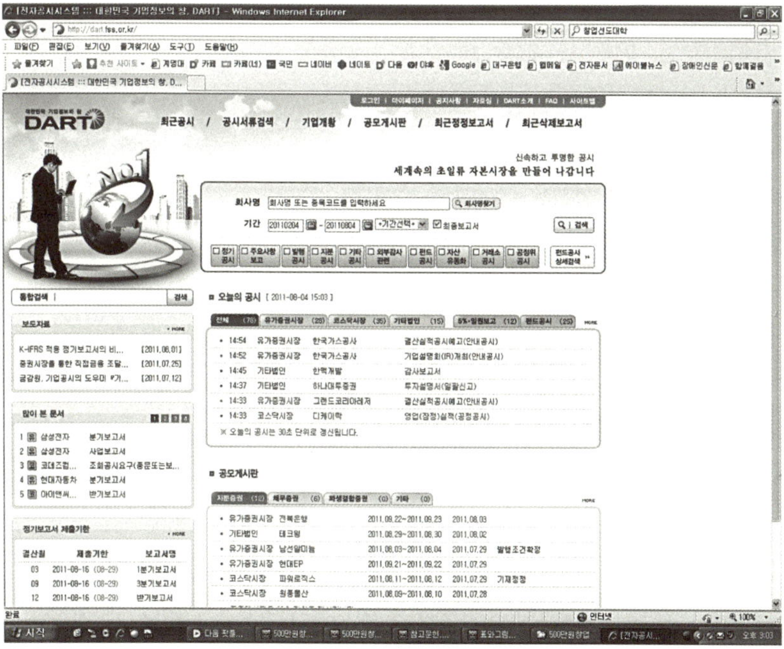

업들에 대한 상세 정보들은 〈그림 8〉과 같이 전자공시시스템에서 확인할 수 있다. 특히 특정 기업에 투자를 할 때에 혹은 해당 기업과 거래를 할 때에 대차대조표와 손익계산서도 볼 수 있어서 해당 기업의 건전성을 확인할 수 있다는 장점이 있다. 또한 벤치마킹할 대상기업을 찾을 때에도 유용하게 활용할 수 있다.

(4) 한국산업인력관리공단 Q-net 및 민간자격증

창업자가 취득할 수 있는 각종 자격증에 대한 정보는 한국산업인력공단과 노동부가 운영하는 Q-net(www.q-net.or.kr)에서 무료로 얻을 수 있다. 자격증은 국가자격증, 민간자격증, 외국자격증으로 구분하여 취득할 수 있는데, 민간자격증의 경우에는 누구나 만들 수 있는 동시에 공신력이 부족하다는 것을 생각해야 한다.

한편, 민간자격증에 대한 자세한 사항은 로앤비(www.lawnb.com)에서 자격기본법을 검색하여 살펴보면 되는데, 민간자격증에 대한 인증 및 국가 공인에 대해서는 사단법인 한국민간자격협회(www.kqa.or.kr), 민간자격정보서비스(www.pqi.or.kr)에서 확인할 수 있다.

(5) (사)대한가맹거래사협회(www.fea.or.kr)

대한가맹거래사협회는 국가자격증인 가맹거래사들의 단체인데, 가맹거래사는 가맹사업의 사업성 검토, 가맹사업당사자의 교육·훈련, 정보공개서와 가맹계약서의 작성 및 수정에 관한 상담이나 자문, 분쟁조정신청대행, 정보공개서 등록신청대행 등 가맹사업 전반에 대한 경영 및 법률서비스를 제공하는 전문가를 말한다. 가맹거래사는 2002년 5월에 제정된 '가맹사업거래의 공정화에 관한 법률'에 의거하여

2003년부터 자격시험을 실시하고 있으며, 2007년 8월의 법 개정으로 '가맹사업거래상담사'에서 '가맹거래사'로 자격증의 명칭이 변경되었다. 프랜차이즈 본사 설립, 가맹점 창업 등의 분야에서 컨설팅 창업을 하고 싶은 창업자들은 가맹거래사 자격증을 취득하는 것이 필요하다.

(6) 창업박람회 정보

창업을 하고 싶은 예비창업자들이 해야 하는 일 중의 하나는 바로 전국에서 개최되는 다양한 창업박람회를 참관하는 것이다. 창업박람회에 대한 정보는 아래의 사이트에서 얻을 수 있다.

① 서울: 서울무역전시장(www.setec.co.kr), 코엑스(www.coex.co.kr)
② 부산: 벡스코(www.bexco.co.kr)
③ 대구: 대구전시컨벤션센터(www.excodaegu.co.kr)
④ 경기도: 킨텍스(www.kintex.com)

예비창업자들은 한 달에 한 번만 접속해도 다양한 창업박람회에 대한 정보를 확인할 수 있는데, 미리 일정을 확인해 두었다가 참관하는 것이 좋다. 또한 창업박람회에 참관하는 경우에는 다음과 같은 조사와 분석을 하는 것이 필요하다.

① 관심이 있는 창업아이템을 발견한 경우에는 정보공개서를 요구하여 분석한다.
② 가맹점 3~5곳의 연락처를 받아 직접 방문하여 살펴본다.
③ 본사를 방문하여 본사의 직원 현황, 조직 등에 대해 파악해 본다.

④ 본사에서 운영하고 있는 직영점포를 방문하여 살펴본다.
⑤ 위의 4가지를 통하여 창업아이템의 사업성, 장래성 등에 대해 조사한다.

한편, 창업기업의 경우에는 전국에서 개최하는 창업박람회에서 홍보를 하는 것이 좋은데, 아래와 같은 사항들을 준비하면 홍보효과가 더 클 수 있다.

① 카탈로그 및 명함 등을 준비하여 배포한다.
② 박람회 후 1주일 이내에 고객들이 참여하는 행사를 진행한다.
③ 홈페이지 및 카페 주소를 알려주고, 방문하도록 한다.
④ 상품의 차별성, 수익성 등에 대한 자료를 꼼꼼하게 챙긴다.
⑤ 잠재적 고객들의 연락처를 수집하여 향후 문자 및 메일발송을 준비한다.

(7) 공정거래위원회 가맹사업 홈페이지(franchise.ftc.go.kr)

프랜차이즈 본부와 가맹점 창업자(또는 가맹점 창업희망자) 간에 발생한 다양한 형태의 분쟁들은 가맹사업거래분쟁조정협의회를 통해 해결할 수 있으며, 자세한 내용은 홈페이지를 참조하면 된다. 일반적으로 아래의 사항에 대한 분쟁이 있는 경우에 도움을 받으면 된다.

① 가맹계약 해지 및 가맹금 반환
② 부당한 계약해지 및 갱신거절의 철회
③ 계약이행의 청구

④ 영업지역의 보장

⑤ 일방적 계약변경의 철회

⑥ 부당이득반환(광고비 등)

⑦ 상표 및 의장권 침해

(8) 카페와 블로그에서 신용카드 결제가 가능한 INIP2P

앞에서 언급을 한 적이 있지만, INIP2P 서비스(www.inip2p.com)는 국내 최초로 개발된 개인간 안전거래 중계 모듈인데, INIP2P 서비스는 카페와 블로그 등의 개인 웹사이트에서 상품을 판매할 때에 사용할 수 있는 솔루션이라고 할 수 있다. 즉, 카페와 블로그에 상품이미지를 등록한 후에 INIP2P를 설치하면, 고객들은 신용카드, 자동이체, 계좌송금의 방법으로 결제를 할 수 있다는 것이다.

한편, 다음(Daum)과 네이버(Naver)에서 카페를 개설하면 상품등록게시판을 추가하여 사용할 수 있는데, 상품등록게시판에 상품을 등록하면 INIP2P에 의한 결제솔루션이 자동적으로 설치된다. 따라서 상품등록게시판에 상품을 등록하고, 상품의 이미지들을 HTML을 활용하여 카페의 첫 페이지에 링크를 시킬 수 있는데, 이것을 활용하여 카페를 일종의 인터넷쇼핑몰로 운영할 수 있는 특징이 있다.

(9) 인터넷쇼핑몰과 SGI서울보증(www.sgic.co.kr)

인터넷에서 상품을 판매하려는 창업자들이 반드시 알아 두어야 할 사이트 중의 하나가 바로 SGI서울보증(www.sgic.co.kr)이라고 할 수 있다. SGI서울보증의 [보험안내]-[보증보험]에서 '보증보험종류'를 클릭하면 전자상거래 활동과 관련된 보험상품을 볼 수 있다.

특히 인터넷쇼핑몰 창업자가 반드시 알고 있어야 하는 전자상거래(쇼핑몰)보증보험은 소비자가 인터넷상의 쇼핑몰에서 상품을 구매하고 대금을 결제한 후 상품을 인도받지 못하거나, 반품사유에 해당함에도 결제대금을 반환받지 못한 경우 소비자가 입은 피해를 보상하는 것이다. 따라서 인터넷쇼핑몰 창업자라면 고객이 안심하고 구매를 할 수 있도록 전자상거래(쇼핑몰)보증보험에 가입하는 것이 필요하다는 것이다.

(10) 에스크로 서비스와 에스크로 에이전트

'전자상거래 등에서의 소비자보호에 관한 법률 시행령 및 시행규칙'에 의거하여 구매안전서비스의 적용대상이 2011년부터는 현행 10만원 이상에서 5만원 이상으로 확대된다(머니투데이, 2011.2.6). 이에 따라 인터넷쇼핑몰 창업자들은 의무적으로 에스크로 서비스를 제공해야 하는데, 에스크로 서비스와 에스크로 에이전트에 대해 알고 있어야 한다.

먼저 에스크로 서비스(escrow service)는 물품상거래에서 특정 은행이 적극 개입하여 구매자에게는 확실한 물품배송을, 판매자에게는 안전한 판매대금을 중계하는 매매보호서비스를 말한다. 구매자(업체)는 대금결제시 에스크로 계좌에 대금을 입금한다. 구매자(업체)가 배송된 상품을 직접 확인한 후, 특정 은행은 판매자(업체)의 대금결제계좌(판매자 명의)로 대금을 지급한다. 따라서, 구매자(업체)는 판매자(업체)를 대신하여 특정 은행을 믿고 안심하고 전자상거래를 할 수 있다. 판매자(업체)는 구매자(업체)에게 무한의 신뢰를 제공함으로써 매출액을 신장시킬 수 있으며, 부가적인 금융지원도 받을 수 있다.

또한, 에스크로 에이전트(escrow agent)란 위와 같이 에스크로 서비스에서 결제대금을 예치 및 보관하는 기관을 의미한다. 따라서, 에스크로를 이용하려는 판매자인 경우는 에스크로 에이전트의 신뢰성 및 자산건전성을 반드시 확인해야 한다. 만약에 에스크로 에이전트의 자산이 부실하여 파산(default), 인수 등으로 신뢰성이 떨어진다면, 에스크로를 이용하는 모든 이용자들의 피해가 불가피하다.

현재 국내에서 에스크로 서비스를 주로 제공하는 에스크로 에이전트는 하나에스크로(www.hanaescrow.com), KB에스크로(escrow1.kbstar.com), 우리에스크로(esc.wooribank.com) 등이 있다.

(11) 지적재산권(특허, 실용신안, 디자인, 상표)의 출원 및 검색

지적재산권의 출원은 변리사의 도움을 받아서 특허청(www.kipo.go.kr)에 출원을 하게 되는데, 특허청 홈페이지 첫 화면의 '권리별 정보안내'에서 특허, 실용신안, 상표, 디자인의 출원절차 및 방법 등에 대해 자세하게 설명하고 있다. 또한, 특허정보검색서비스(www.kipris.or.kr)에서 기존에 등록된 지적재산권을 검색하여 적절하게 대응할 수 있다. 예를 들어, 특허정보 중에서 상호 관련된 기술을 선별 분석함으로써 타사의 특허전략, 기술개발전략 및 기업전략을 파악할 수 있고, 이를 통해 경쟁사와의 중복연구와 이중투자를 방지할 수 있다.

(12) 인터넷 주소(도메인)의 구입

인터넷 홈페이지 혹은 인터넷쇼핑몰을 운영하기 위해서는 먼저 인터넷 주소(도메인)를 구입해야 한다. 예를 들어, 아이네임즈(www.inames.co.kr)에 접속하여 구입하면 된다. 또한 창업자라면 적어도 1~2개의 인터넷 주소를 구입하는 것이 필요한데, 인터넷 주소(도메인)를 구입함에 있어 생각해야 할 몇 가지의 사항은 다음과 같다(김영문, 2009; 원승교, 2005.3.4).

① 한글 도메인은 구입하지 않는 것이 좋다. 굳이 필요하지 않다는 것이다.
② 상업적인 사이트라면 당연히 .kr, co.kr, .com의 3가지 중에서 하나를 구입하는 것이 좋은데, 경쟁사를 의식하지 않는다면 굳이 2개가 필요하지는 않다는 것이다.
③ 도메인명은 영어단어를 조합하는 것이 가장 좋다는 것인데, 도메인명만 보면 무엇을 판매하는 회사인지를 알 수 있도록 하는 것이 좋다.
④ 도메인을 구입할 때에는 반드시 창업자 본인의 이름, 연락처(전화번호, 메일주소)를 사용하여 구입해야 한다. 홈페이지 제작회사에 의뢰하여 도메인을 구입하는 경우에도 소유자 및 관리자 정보는 반드시 창업자의 이름으로 해야 한다.
⑤ 발음하기 쉬운 도메인명을 구입하게 되면, 보다 많은 사람들이 기억할 수 있다.
⑥ 상호, 상표 그리고 도메인명을 일치시키거나 관련성이 높도록 하는 것이 좋다.

(13) 홈페이지의 평가 및 순위 정보

창업자가 홈페이지를 개설하여 운영을 한다면 반드시 관심을 가져야 할 사항이 있다. 예를 들어, 방문자 수, 페이지 뷰, 동일한 분야의 사이트 중에서의 순위 등은 사이트에 어느 정도로 접속을 하는지 그리고 경쟁회사의 사이트와 비교해서 순위정보를 알아 볼 수 있다는 점에서 중요하다는 것이다.

현재 국내에는 랭키닷컴(www.rankey.com), 100hot(www.100hot.co.kr), 랭크원(www.rank1.co.kr) 등이 있는데(김영문, 2009; 이수창, 2007.8.24), 〈그림 9〉는 랭키닷컴의 초기화면이다. 또한 전세계 사이트에 대한 순위정보를 제공하는 사이트로는 알렉사(www.alexa.com)가 있다.

그림 9 랭키닷컴의 초기화면

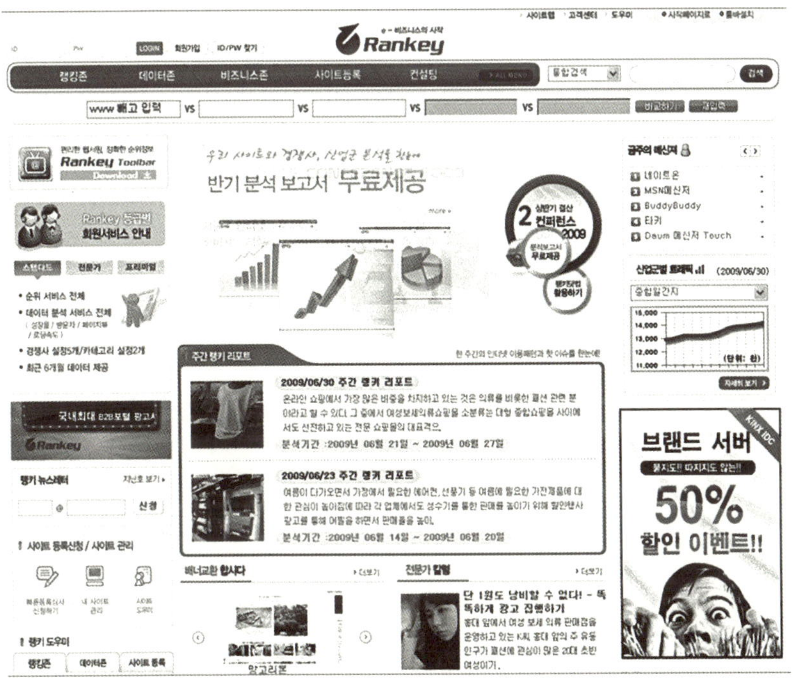

참/고/문/헌

강원일보, "[창업 이렇게 하세요] 인력파견업", 2005.1.25

강종국, 예비창업자 및 경영자를 위한 최적 입지 상권분석, 크라운출판사, 2007.8.10

강현순, 인터넷비즈니스 창업실무, 2006(부산광역시 창업강좌 책자)

경기지방중소기업청, 소상공인! 알아야 성공한다, 2003

국민일보, 제16회 한국국제퀼트전 개최… "한국 퀼트, 공예에서 아트로", 2011.3.16

국민일보, "대한주부클럽연합회, 만 30세 이상 출장요리사 교육생 外", 2009.5.21

김달현, 이종헌, 가맹거래사 수험생을 위한 가맹사업법 및 가맹계약론 1, 대하, 2011

김영문, 창업학, 법문사, 2009

김영문, 예비창업자가 꼭 알아야 하는 100가지, 법문사, 2009

김영문, 창업길라잡이, 집현재, 2011

김충렬, 창업론, 형성출판사, 2007

내일신문, "자동차 애프터마켓 분야 크게 성장할 것", 2011.7.29

내일신문, "음식물 쓰레기처리, 애너하임처리기로 이제 고민 끝", 2011.5.1

내일신문, "'자기 주도적 미래형 교육' 펼치는 한우리독서토론논술", 2011.3.10

내일신문, "앞 유리 썬팅으로 건강하고 시원한 여름 예약", 2009.6.10

노컷뉴스, "'대여쇼핑몰' 늘고 있다", 2011.4.19

뉴시스, "서술형 및 논술형 평가, 핵심은 '독서'", 2011.2.7
뉴스토마토, "현대차, HD급 대형 LED 스크린 광고 개시", 2011.1.10
대전일보, "'조경 · 식물' 전문지식 먼저 습득", 2006.5.25
대전일보, "연기 베어트리파크, 내일부터 압화전시회", 2010.11.25
동아일보, "[이런 창업 저런 창업] 실내환경관리업", 2010.12.16
동아일보, "시니어창업 일본에선…이런 아이템들이 뜬다", 2010.4.15
데일리그리드, "2014년 국내 콘텐츠산업 매출, 수출 꾸준한 증가세", 2014.2.5
데일리그리드, "자격기본법 개정으로 민간자격증 소비자 피해 개선", 2013.11.26
독립신문, "분식집이 중소기업?" 외식 배달업의 진화 '스쿨스토어', 2011.1.25
디지털타임즈, "[해외에서 찾는 신 창업아이템] 신개념 웰빙 디톡스 서비스", 2011.3.6
매일신문, "소셜커머스", 2011.4.16
매일신문, "만들어 먹고, 꾸미고…가게도 만들고", 2010.8.12
매일경제, "창업선도대학 15곳에 2011년 300억원 지원", 2011.3.10
머니투데이, "소자본, 무점포 중고명품 창업 각광", 2014.2.7
머니투데이, "내 돈으로 창업하고, 전문가에게 맡긴다", 2011.5.6
머니투데이, "인터넷쇼핑, 5만원 넘으면 에스크로 적용", 2011.2.6
머니투데이, "반찬, 패션가발 등 생활밀착형 창업 늘어난다", 2011.1.2
머니투데이, "재택근무 가능한 여성창업 아이템 '인기'", 2010.2.11
머니투데이, "골프존, '스크린 광고' 독식 불공정 논란", 2010.11.27
모닝뉴스, "크런치오븐, 한지붕 두 점포 '숍인숍' 창업이 뜬다", 2011.5.18
문상원, 초보사장 난생처음 세무서 가다, 제우미디어, 2008
박경환, 실전 상권분석과 점포개발, 상상예찬, 2006.6.1
박두진, "창업자를 위한 세무회계 실무교육", 특강자료, 2007
박진용, 언론과 홍보, 한국케이블TV방송협회, 2005.6.25

방용성, 주윤황, 창업경영, 학현사, 2010
부산일보, "니코틴 함유 전자담배 '또 하나의 담배' 불과", 2011.5.9
비즈플레이스, "긴 장마 지저분한 욕실 새롭게 가꿔보자!", 2011.8.4
비즈플레이스, "실버창업, '베이비 붐 세대가 몰려 온다'", 2010.2.3
삼일회계법인, 재무제표가 한눈에 보이는 회계원리, 삼일인포마인, 2011
서울경제, "중고 명품시장 '백화점 안 부럽네'", 2010.10.28.
서울경제, "'세컨드 잡' 경제력 · 경력 · 적성따져 골라라", 2004.8.9
서울신문, "민간자격증 광고 속지 마세요", 2011.2.18
서울신문, "자판기의 진화? 과일 파는 웰빙자판기 돌풍", 2011.7.18
서정헌, 창업 초보자가 꼭 알아야 할 102가지, 원앤원북스, 2005
세계일보, "2014년 외식업창업 전망, 건강과 웰빙 바람 거세진다", 2013.11.21
세계일보, "서울 커피자판기 5대 중 1대 '불합격'", 2011.6.15
세계일보, "건강기능식품 살 땐 인증마크 꼭 확인을", 2011.5.9
세계일보, "현명한 소비자들… '의류 대여샵' 호황", 2009.3.6
스포츠칸, "온라인 여행사 창업 '세상 하나뿐 나만의 여행'", 2008.3.9
신봉규, 외식산업 입지 상권분석 기법, 백산출판사, 2008.7.30
씨앤비뉴스, "대리운전, 이제 혜택이 가득해진 업체를 단골로 정해라", 2011.1.14
아시아경제, "[창업아이템 집중해부] 와인전문점", 2009.1.29
아시아경제, "단체복닷컴, 단체복 도매쇼핑몰 '단체복프랜차이즈' 오픈", 2008.9.30
아시아투데이, "부산 국제 선물용품 및 판촉물 전시회 2011" 10월 BEXCO에서 개최, 2011.7.21
아주경제, "최문기 장관, 존 도나호 이베이 회장 면담", 2013.10.8
아주경제, "KOTRA, 해외 전자상거래시장 진출 지원", 2011.3.28

이투데이, “면세점 쇼핑하는 외국인 관광객 ‘서울방문 천만명 시대’”, 2014.1.24
아크로팬, “대성그룹, 14일 국내 스카이프 서비스 시작”, 2011.7.14
연합뉴스, “거래규모 1조, 중고명품 시장 기업형 프랜차이즈 본격 시동”, 2010.12.13
오마이뉴스, “개성이 톡톡 튄다고? ‘구제옷’ 찾아봐!”, 2006.9.4
원승교, 나 혼자 꾸리는 인터넷 상점 창업부터 성공까지, 제우미디어, 2005.3.4
이데일리, “10대 소녀를 위한 구제의류몰 탄생”, 2011.5.23
이데일리, “괜찮은 창업 아이템 여기 다 모였다”, 2011.5.12
이수창, 로그분석 완전정복, e비즈북스, 2007.8.24
이투데이, “고령화시대 블루오션 실버용품 프랜차이즈 뜬다”, 2011.2.22
인벤, “수출 효자 ‘게임’…콘텐츠 산업 수출액의 60% 차지”, 2014.2.5
일간스포츠, “판촉물·인쇄물 온라인 1인 창업, 월 10만원으로 도전”, 2013.12.26
장준근, 알기 쉽게 해설한 가맹사업법, 한국학술정보, 2011
정경뉴스, “미용구인구직의 선구자 역할과 살롱매매, 미용중고제품 등 볼거리 제공하는 사이트?”, 2011.5.17
정경뉴스, “농수산물 홍보와 판매, 소셜커머스에서 길을 찾다”, 2011.1.5
조선일보, “[직업 탐색] 헤드헌터”, 2011.5.16
조선일보, “전문화·세분화되어가는 온라인 구인구직 사이트”, 2011.4.29
조선일보, “취업난 속에 아르바이트 구인구직 사이트 개설 증가”, 2011.5.3
조세일보, “화상영어 토크랭 무료체험 행사 이벤트 추천”, 2011.5.26
중소기업청, 창업절차, 1999.10
중소기업청, 소점포 경영론, 2002.4
국민일보, “출장요리사 조경숙씨”, 2009.5.21

파이낸셜뉴스, "제약전문 헤드헌팅기업 나우팜컨설팅 최낙우 대표", 2011.5.23
프레시안, "저스트포그, 전자담배 춘추전국시대에도 독보적 품질 자랑", 2011.3.10
한겨레, "행복한 노후생활을 위한 실버용품의 모든 것, 노인용품 전문점 실버365", 2011.2.16
한국경제, "웅진, 원두커피머신 렌털사업…음식점 공략", 2011.4.24
한국경제, "관광공사, 세계 최대 온라인 여행사 Expedia와 MOU 체결", 2011.2.24
한국경제, "숍인숍 점포 '피자클럽' 두번째 창업설명회", 2011.2.16
한국경제, "명품, 주인을 찾다…위대한 명품쇼핑몰 일루쏘(ILLUSO)", 2011.5.4
한국경제, "주상복합 썬팅바람", 2005.7.29
한국경제, "유망기업 : 미라클 메소드… 욕실리폼업 뜬다", 2003.8.21
한국경제TV, "[파워! 소상공인 신사업] '홈스쿨' 창업", 2010.4.2
한국일보, "전자담배 '위험'", 2011.7.26
한국주택신문, "치매어르신을 위한 원예치료의 필요성", 2011.5.20
한만용, 경리회계원리와 세무비법노트, 지식만들기, 2011
헤럴드경제, "염소 등 유해물질 제거…맛있는 웰빙워터 제공", 2013.9.11
헤럴드경제, "게임아이템이 뭐길래…중형차값에 자살소동까지", 2013.2.14
희망뉴스, "직장인 부업으로 뜨고 있는 자판기 창업아이템", 2010.9.16
DIP통신, "농수산물 소셜커머스 그린애, '꽃순이 총각김치' 53% 할인 판매", 2011.5.11
DIP통신, "센스기프트, 기업판촉물 · 돌잔치답례품 판매…유명브랜드 상품도 왕도매", 2011년 2월 21일
SBS, "이게 웬 떡?…'절전의 여름' 맞이한 日, 별난 특수 누리는 업체들", 2011.7.2

YTN, "건강한 출산을 위해, 출장산후조리 전문 "마터피아"", 2011.1.25
ZDNet Korea, "인터파크투어, 국내 온라인 여행사 '1위'", 2011.1.24
글로벌 해피투어. www.ghappytour.com
네이버 백과사전, 100.naver.com
네이버 용어사전, terms.naver.com
네이트 지식, ask.nate.com
자격의 모든 것, q-net.or.kr
위키백과, ko.wikipedia.org

무점포 · 1인 창업하기

초판인쇄 | 2014년 3월 15일
초판발행 | 2014년 3월 20일

저 자 | 김 영 문
발 행 인 | 위 호 준
발 행 처 | 도서출판 **집현재**
121-130 서울특별시 마포구 토정로
198번지 204호
전화 (02)332-4922 Fax (02)3142-4922
홈페이지: www.jhjbook.co.kr
e-mail: jyp4922@naver.com

출판등록 | 2010년 10월 25일
등록번호 | 제105-91-57581호

정가 16,000원 ISBN 978-89-97304-32-5

이 도서의 국립중앙도서관 출판시도서목록(CIP)은 서지정보유통지원시스템 홈페이지(http://seoji.nl.go.kr)와 국가자료공동목록시스템(http://www.nl.go.kr/kolisnet)에서 이용하실 수 있습니다. (CIP제어번호: CIP2014008445)